AMATAFAALI G'OKWOMBEKA

ISAYA 58 ITENDEKERO ERITENDEKA HONA HONA

ALL NATIONS INTERNATIONAL   AGNES I NUMER
TERESA SKINNER   GORDON SKINNER
KATHY VANZANDT

Translated by KANGUME STELLA
Translated by WINNIFRED NAKANWAGI
Edited by CLARE MARY BUSINGE

Amataafaali g'okwombeka
Isaya 58 Itendekero Eritendeka Hona Hona
Building Blocks - Rutooro

© 2016 All Nations International
All rights reserved.
ISBN: 978-1-950123-79-7

Unless otherwise indicated, all Scripture quotations are taken from the Holy Bible,
Runyoro /- Rutooro Bible - Ekitabu Ekirukwera - The Bible Society of Uganda
© 2012

Special Thanks: Gertrude Kabtalemwa, Jennene Jeffrey

Translators: Kangume Stella, Winnifred Nakanwagi
Editor: Businge Mary Clare

Isaya 58 Ebitabueby'entekaniza, eyokutendeka omw'intendekero erikugenda kutaraga mubicweka bingi biroho. Kwenda, kusoma ebitabu N'oterra Owakukikira hamutimbagano ogwa komputa Intanetitaipinga

email: is58mti@gmail.com
contact us: www.all-nations.org
online course: is58mti.org

Cover Art: Julian Peter V. Arias and Eve Lorraine Rivers Trinidad

Nitutumira omulimo abo:
Hali abo abayenzire kumanya .... baitu tibatunga mwegesa.
Hali abo abaserwire okwolekwa........... Nukwo bairuke nakwo.
Hali abo abalinibenda kumanya "kiki ekirukwongeraho"
Hali abo abalibemayire ngu Basomesa .... baitu tibamanyire kiki ekyokusomesa.
Hali abo abakusera Kristo omuli ITWE Owaine Kunihira Okw'Ekitinisa.
Leka enyanjura eye kitabu kinu ekwoleke Yesu Kristo kandi leka obusinge obwa akutairemu bubenaiwe bulibwire bwona.

EBIRUMU

Enyanjura	ix
Preface	xiii
Amatafaali g'okwombeka – Enyanjura	xv
1. Kwikiriza Obusiinge bwa Ruhanga mali	1
Twijuke: Okwikiriza Obusinge Bwa Ruhanga Obuhikire:	25
2. Emitwalize rundi Oburaiha	29
Twijuke: Emitwalize rundi Oburaiha	39
3. Mukama, niiwe olituha obusinge	43
Twijuke: Mukama, niiwe olituha obusinge	49
4. Orutaro Rw'omwoyo	53
Twijuke: Orutaro Rw'omwoyo	87
Quiz: Orutaro Rw'omwoyo	91
5. Okumaraho obutabanganguko	95
Twijuke: Okumaraho obutabanganguko	107
6. Ogu Ataine Ibara	113
Twijuke: Ogu Ataine Ibara	131
7. Abaliisa N'entama	135
Twijuke: Abaliisa N'entama	145
8. Kunihira Nukukora Nokugonza	149
Twijuke: Kunihira Nukukora Nokugonza	171
9. Kutereekereza	175
Twijuke: Kutereekereza	189
10. Okugambaho okwoleka	191
Twijuke: Okugambaho okwoleka	201
11. Kukugiza n'okuramya	205
Twijuke: Kukugiza n'okuramya	213
12. Imuka haiguru muno omungonzize	217
Twijuke: Imuka haiguru muno omungonzize	229
13. Nkaha hokusanga ekigambo	233
Twijuke: Nkaba hokusanga ekigambo?	243

Quiz: Nkaba hokusanga ekigambo?	245
14. Nibakumanya Iwe?	249
Twijuke: Nizikumanya:	257
Ebisumuruzo	261
Okumanyiira	273
Endagirro	275

ENYANJURA

Ekitongole ekikwata Amahanga ga Ensi yona, (All Nations International) Ekanisa, hamu na Sommer Haven Ranch Ekwata Ensi yona, eryakozirwe kuyamba omuntu hatarohoebyokukora amagoba, biri bitongole bibiri ebyazairwe kandi byayebemberwa Omwahule. Agnes I. Numer ogu owuyahumwire emirimo ya ensiyafa omukwenzi okwamusanju 17, 2010 hamyakaye 95 ey'obukuru. Akasiga enyuma ekirale ekyamani hanyuma yokuhereza emyaka 56. Bunu obuhereza bukazarwaokwolekebwaRuhanga yamuhaire obuli mu Baibuli lsaya 58 Ruhanga obuyamwolekere okwolekebwakunu yamugambira, "Enuniyo ntegeka yange habw'Ekanisa yange habwa obwire obwokumalira". Mukama Ruhanga akamwoleka enyonyi, hamuna Egali z'omwika, Amastoha agokwahuramu ebintu amakooto, Amatendekero amakuru, Amalindiro gabasuhuki, Ahokugabira ebyokulya n'ebindi bingi.

Nikisobora kuguma kwetegereza ebirugire mubuhereza bunu omu myaka yabwo ekuhingura 50 ey'okubaho. Nikyesaniriza nkoku kikuguma okugarukamu, oti "miti ingaha eyeri omukajuma ka Apple, rundi omucunguwa?" Nikyo bunu obuhereza bwa Amahanga gona bukozire.... Bugabire ensigo. Bahereza baingi bahairwe okwolekebwa, basoma, bakurakurana, bataibwamu amani kandi bayambirwe.

Banu Abebembezi hanyuma bagenzire bakora obuhereza nkabunu ensi yona. Bakatunga okwolekebwa, kunihira, entekaniza n'ebiragiro eby'Obukama bwa Ruhanga obukora Kandi nokuyayana hamu nokuba n'obuntu bateka ebi ebibali basomere babikwata babita munkora.

Bunu obuhereza obwa ensi yona obukugenda mumaiso nibwegesa kumanya Ruhanga nka Omulemi, kandi nko Mugabirizi wabo abagabira habwokuba nibakora emirimoye nibaraba omumihandaye. Omukutendeka kunu nitunihira kutekamunkora ebiragirobakwasire,kandi n'emigisa erabayamani. Nituha Ruhanga ekitinisakye kyona. Okutendeka kubaire ha bwa OmwoyoUwe hali abo abaine amatu okuhura, omutima okutwara, n'okugonza okw'obuhulizi.

Ruhanga akoleka Omwahule Agnes I. Numer itendekero lya Baibuli erirabagana ebiragiro binu n'Amahanga. Obuyabungire aba Firipino. Orukiko lwa abalisa n'a Abebembezi bamusaba kuletaho okutendeka oku nukwo amasomero gona aga Baibuli garabe mukutendekebwa oku nibaraba mukakikoakakutaragaomubyaro.

Enyanjura

Isaya 58 Itendekero eritaraga niritendeka hati riroho, niriraba mukukozesa ekitabu kandikyonyini ekitabu kiri hamutimbagano komputa nka ebook (ekyamasanyarazi)

Webale.

Amahanga gona, (All Nations International)

Habakuku2:2 (KJV) Kandi Omukamayangarukamu nagamba ati handika, okwolekebwa, okwoleke kurungi habipande 3 anyakusomamu airuke agambire Omuntu ondi. Baitu okwolekwakwikaire habwakasumi akatairweho, Kandi nukurabura empero, tukulibiha: nobukuliba nukwikaraho, okulide: baitu kulija mazima, tikulikaraho.

2 Timoseo 2:2 (KJV) Kandiebi ebiwahulire namberendi omu Bakaiso baingi, nibyo oyahuze Abantu abokwesiga, abalisobora okwegesa abandi."

PREFACE

As we travel around the world, we see pastors and leaders struggle with, "What to teach their people." Maybe they have never had Bible School training... and may never be able to afford it.

Our cry is that God will read this to you... that He will impart His Gospel to your heart, that He will train you, and that you will experience the freedom, peace power and ability to demonstrate His Love to the Nations.

May we all work together while there is time.... That He alone may be glorified.

Let Jesus take you to the Nations.....

"And this gospel of the kingdom shall be preached in all the world for a witness unto all nations; and then shall the end come." Matthew 24:14

AMATAFAALI G'OKWOMBEKA – ENYANJURA

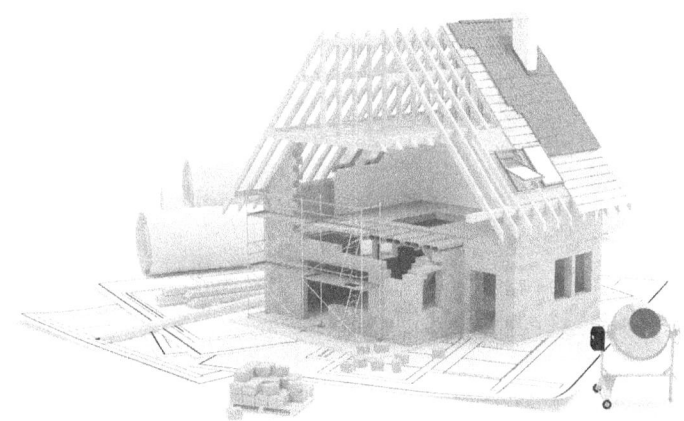

Okwoleka engonzi za Ruhanga

Nitwoleka tuta engozi za Ruhanga?

Nituhurra tuta iraka lya Ruhanga nukwo tumanye ebyetaago by'abaandi? Omunda omuli itwe, titurukuhuura obugoonzi bya Ruhanga. Kandi n'obugoonzi bwa Ruhanga habw'aandi titukabuhuuraaga. Oku turahikayo tuta kuruga hanu? Baitu nitumanya ebigambo bya Yesu, 'Obu muraaba nimugonzangana, aho niho abantu boona balimanyira nkooku muli begesibwa baange' (Yohaana 13:35) Ganu amatafaali nibyo bisumurizo Ruhanga ebyatuhaire kuraba mu kigambo kye, kutwooreka engoozi ze kuraba mu mahaanga.

Twine Okubaanza kumanyisibwa engoozi ze n'okufwaayo kwe hali itwe. Twine kwemanyiiza (kuhuurra) eby'amahano hali itwe. Twine kuba nkawe, tube n'omutima gwe ogw'obugoonzi, mukiikaro kyomutima ogugumangaine nk'ogw'ibaale.

Ikiriza ekigambo kya Ruhanga kigaarre buhyaaka omutima gwaawe, kyogye ebiteekerezo byaawe, nukwo kikwooleke enteekateeka ye ha mahaanga obu noosoma kandi noosaba kuraba omu matafaali g'obwoomeezi bwe n'obugoonzi obukuraba muli itwe kuhika omu mahaanga.

CHAPTER 1
KWIKIRIZA OBUSIINGE BWA RUHANGA MALI

I. Okwanjura

Nyenky'enu, mpuliire Mukama nagoonza tugabanire hamu ekyahandiikibwa kinu. Kinu ekyahandikibwa ky'omuheendo muno mubuheereza bwaitu kumara emyaaka nyiingi, kandi kiri kicweeka ha musiingi ogwa Ruhanga yatuhaire mu bwomeezi bwaitu.

Kicweera ky'obwoomeezi bwaitu; nukwo tube nkawe. Kandi haraho abantu baingi abaine obulemeezi mu busumi bunu, n'omuli itwe. Baitu haraho omuliingo ogwa Ruhanga yatutegekiire nti obu turabumukwaasa, naija kubitujuna. Kakuba tubyeesigaliza, nitwija kuba mubulemeezi kandi nitwija kwikara nitwiikiriza ebisuba; n'omunyaanzigwa naija kwikara naatutuuagura. Baitu Ruhanga aine kugarukwaamu mu kigambo kye habwokuba Yesu akakihikiiriza ha musalaba.

TUSOME ISAAYA 26:1-15

Amataafali

1. Ha kiro eki, ab'omunsi ya Yuda balizina ekizina ekirukugamba kiti... Twine orubuga orugumire; Mukama atulinda akatuzitiirra orugo n'ekisiika ekigumire.

2. Mukingule amalembo, ihanga erirungi erinyakulinda obwesige litaahe.

3. Omuntu anyakutaho omutima, amuha obusinge obusemeriire, habwokuba naakwesiga.

4. Mwesige mukama ebiro byoona habwokuba Mukama Ruhanga nugwo omwandara ogwa buli na buli.

5. Habwokuba akabundaazaaho abanyakwikara haiguru omu rubuga orwa haiguru. Orubuga our naija kurusiisa arunage hansi arufoole cuucu.

6. Abo abakaba nibonabonesibwa, hati nurwo barukurabaho, nurwo barukurubatiirra"

7. Omuhaanda gw'abantu abarungi guteerekeriire, abaruungi niiwe obasemereza omuhaanda.

8. Ai Mukama, tukaikara nitunihira omuli iwe; kugeendera omu muhaanda ogw'encwaamu yaawe, Ibara lyawe, n'okwijuka eby'omutima gwaawe gugonza muno

9. Omu bwire bwekiro, omutima gwange gukulirra, omwoyo gwange gukuserra gwina ekihika habwokuba obwocwera ensi omusaango n'abantu baayo, abantu boona nibwo bamanya amakuru g'obwinganiza.

10. Ababi obwobagirra embabazi tibeega kukora ekihikire, n'obwakubaire hanu omunis eyabarungi, nabwo tibyakyakora ebitahikire; bakyayaangire kwetegereza obukuru bwawe.

11. Ai Mukama, oyimukize omukono baitu abantu tibarukugurora. Obooleke nkoku orukugonza muno abantu baawe, nukwo bakwatwe ensoni, omurro ogukaba gutekaniriziibwe abazigu baawe bubamaleho.

12. Mukama, niiwe olituha obusinge habwokuba otuha ekisemeriire ebikorwa byaitu.

13. Ai Mukama Ruhanga waitu, abakama abaandi abatali iwe, nubo baatulemere, Baitu tiharoro n'omu owu twikiriza kukira iwe, busaho ibara litwatura, kukira eryaawe.

14. Bakafa tibakigaruka kwomeera; biituuru, tibaliimuka habwokuba niiwe obafubiire wabahweerekereza. Tiharoho n'omu asobora kwongera kubaijuka.

15. Ai Mukama, niiwe wakulize ihaanga lyaitu. Niiwe wagahilize ensi yalyo hambaju zoona; Eki nikyo kyakurugiiremu ekitiinisa.

Yesu akasasura ibanja lyaitu nukwo tutwale ekigambokye kandi tukiikiririze kimu. Akagamba," Iguru n'ensi nibiija kuhwaaho, baitu ekigambo kyange tikirihwaaho". Ekigambo kya Mukama nikwo kiri ky'amazima obuturakiikiriza mali. "Kandi mu kiro eki, ekizina kirizinwa omunsi ya Yuda". Hati "ekyo ekiro ninkyeeta kiro kinu." Kinu nikyo ekiro ekyarukwija kukikora habwaitu. Kandi nikyo ekiro ekituraziniramu ekizina na Yuda! Akagaamba "omunsi ya Yuda…' tuli munsi ya Yuda, tinukwo? Amiina!

"Twine orubuga orugumire, okujunwa ruhanga naija kukoma habwebisika n'omuhuruzi."

"Mukiingule emiryango..." eki nikyo twine kukora. Twine kukiinguurra Mukama. "...nukwo Ihanga erihikiriire kandi eriliinzire amazima litahemu". Banu abantu b'omuliingo. Abantu banu b'omulingo ki? Nubo abantu abahikiriire kandi abakuliinda amazima.

Ebiro binu tikyanguhire kusaanga amazima ahantu hoona. Baibuli negaamba, Amazima gakanagibwa aheeru mu nguudo. Ebi nibyo okusaanga mu biro binu. Kandi nikyo ekiro ekya Mukama arukugaamba.

"Mukiingule enyigi, ihanga erihikiriire kandi erikukwaata amazima litaahemu. Hati obu turaaba tutaine mazima, titukwiija kusobora kulinda amazima. Tinukwo? Nimanya abantu baingi abarukulengaho kuzaanazaana na Ruhanga, nibagonza ebintu byensi, kandi nibagonza kwetwa abakristayo. Kinu tikikutufoora bakristayo, naangwa. Ekikutufora bakristayo, nukwo okulinda amazima, kuba na Kristu mu mitima gyaitu n'omubwoomeezi bwaitu, okukora ekigambo kye, n'okulinda amazima nikyo kitufwora abakristaayo.

II. "Ora mulinda omubusinge obusemeriire..."

"Omuntu anyakutaho omutima, amuha obusinge obusemeriire, habwokuba naakwesiga." Kale obuturaliinda amazima, kandi obu tuhikiriire, nitwija kuba abahikiriire mukuhikirra kwa Ruhanga. Itwe titwine kuhikirra habwaitu. Nomanya twine entegeka. Nitugamba, "kale kinu na kinu na kiri nibyo ndikugenda kukora" rundi "kinu na kinu nibyo nkora kandi busaho muntu weena arukwija

kumpindura;" ningeenda kukora kinu na kinu na kiri."
Hanyuma nukwo ogaambe nti oli mukristayo? Hmm… Eki
tinikwo kirikwija kukora. **Kwesaniriza okunyakuli
omunsi hati kusiisire abakristayo.**

Haroho orufumo orw'omusigi. Omu rufumo rwomusigi
harumu orukarra orukugamba ngu, 'zimu zikagwa
hamahwa kandi zanyorozibwa. Ebitufaaho ebyobomezi
bunu, ebyobuguuda, ebyobomezi bunu, obyokusemeza
ebyensi enu byazinyoroza, okuhikira kimu obubyalekiire
kimu okuleta ekijuma kyoona omukihikiira. Enu niyo
nyikara eyekanisa yabakristu. Ahabwaki? Baigaha
omulinywe abakwerarikiira? Ahabwaki noyerararikira?
Ebitutuntura mubwomezi. Kiki ekibaho obutuba
nebikutwerarikiriza kandi tukabireka bikatutangira?
Nitwerarikiira kandi nituremwa okumera ebijuma.

**Kijumaki ekya Ruhanga arukuserra omubwomezi
bwaitu?**

"Linu Ihanga erihikiriire kandi erikulinda amazima…"
Baingaha muli inywe abaine obusinge obuhikire? Ekigambo
kinu nokyetaaga. Amiina. "Omuntu anyakutaho omutima,
amuha obusinge obusemeriire, habwokuba naakwesiga."
Habwaki titwine businge obusemeriire? Habwokuba
entekereza yaitu teri ha haliwe." Hati Noija kukaguza,
'nisobora nta kutaho omutima ha Mukama buli kaire?
Tinyine biindi ebyokuteekerezaaho… Eki tinikyo
kirikugamba. Hati nigenda okukuha ekyahandikirwe
ekiindi: "Wesige mukama ebiro byona; habwokuba omuli
Mukama Yakuha nuho hali amaani agatalihwaho:

"Habwokuba akabundaazaaho abanyakwikara haiguru omu rubuga orwa haiguru. Orubuga rwona naija kurusiisa arunage hansi arufoole cuucu." Nitwe baaha nukwo Ruhanga abundaaze orubuga rwona nukwo arufoole ecuucu? kugenda kwihaho orubunga rwona orwamani akarufwora ncucu ahabweitu?

Kandi nitugenda kwemerra omumaisoge turangirre, "Nigenda kukora ebiintu byange omumulingo gwange?". Hati iwe nogira, nitugenda kuba nkaha? Nitugenda kufooka ecuucu, tinukwo? Titusobora kukikora. Ruhanga ain'omuhanda ogundi ogukukirayo! Amiina! Omuhanda ogusemeriire. Omuhanda gw'emitima yaitu kusigara omuliwe nukwo tube n'obusinge obusemeriire omuli itwe.

III. "Ab'ensi nibaija kwega obuhikiriire."

Hati orukaara orukwongeraho nirugamba: "noha arukwija kugaara hansi orubuga? Nebigere bw'omunaku n'ogu atarukwesobora" Hati nibalengaho kukoraki hali abo abataine hokuraara, abanaku, nabatakwesobora? Baingi bali hangundo. Baitu kiki ekirukugenda kuba harubuga? Nirugenda okunagwa hansi, nirugenda kufooka cuucu. "Omuhaanda gw'abantu abarungi guteerekeriire, abaruungi niiwe obasemereza omuhaanda; Ai Mukama, tukaikara nitunihira omuli iwe; kugeendera omu muhaanda ogw'encwaamu yaawe, Ibara lyawe, n'okwijuka eby'omutima gwaawe gugonza muno. Omu bwire bw'ekiro, omutima gwange gukulirra, omwoyo gwange gukuserra gwina ekihika habwokuba obwocwera ensi omusaango n'abantu baayo, abantu boona nibwo bamanya amakuru g'obwinganiza.

Leka tubaanze tugarukire harukara runu kataito... "*obwocwera ensi omusaango n'abantu baayo, abantu boona nibwo bamanya amakuru g'obwinganiza*" Itwe omw'ihanga linu, nitugamba nti Ruhanga taloho, tumwihire mubwomeezi bwaitu obwa bulikiro, na buli kintu kyona ekyaitu. Baitu huwe nagamba, "*obwocwera ensi omusaango n'abantu baayo, abantu boona nibwo bamanya amakuru g'obwinganiza.*

Hati obwinganiza bwa Ruhanga buli omunsi. Alindiriire akasumi akayaragaine nukwo aije acweere omusanga buli kimu ekiturukukora kandi buli kimu ekirutukugamba.

Obuturaaba tuli bantu ba Ruhanga, kandi nitugoonza abe bulikintu kyona mu bwomeezi bwaitu, yarra---" *omwoyo gwange gukuserra gwina ekihika...*"

Nomanya abantu, nibatina encwa y'omusango gwa Ruhanga, kandi kunu omusanga gwa Ruhanga arukucwa gisiisa emirimo yo sitani kandi emirimo ya sitani. Encwa y'omusango gwa Ruhanga teri ha muntu weena. Eri ha Sitani kandi emirimu gya sitani giri mu muntu. Nayenda agiiheho nukwo aleete obuhikiriire mu buli muntu weena hali itwe. Nagamba; Abantu b'ensi nibaija kweegaki? Obuhikiriire,

Norora ensi etabangukire muno. Emaliriire kusiisa obuhikiriire, amazima, obwinganiza kandi n'okucwa omusaango. Baitu Ruhanga amaliriire kuraba omu kigambo

kye nti kucweerwa omusaango nikyo kirukubaanza.
Hanyuma y'okucwa omusango haije obuhikiriire. Ab'ensi
nibaija kwega obuhikiriire. Kinu kirakorwa kita? Ruhanga
aine emiringo nyiingi nkoku arakikora omubwomeezi bwaitu,
emiringo nyingi nkoku arakoragan naitwe, kandi atwiheku
oburofu. Nayenda tube bahikiriire kandi tube mu mazima ge.

Abo abahikirire kandi nibalinda amazima. Hati tarukwija
kutulekerra itwe kwehindura. Natusaba itwe tumuleke
atuhindule. Nayetaga akikole, kandi obwarakikora, naija
kukikora kurungi kandi obu kihikiriire mali. Tinukwo
boojo?

Hati aho nayongera kugamba, "*Ababi obwobagirra embabazi
tibeega kukora ekihikire*"

Habwaki? Habwokuba babi. Nibenda okumanya Ruhanga.
Tibarukwenda okwikiriza ngu Ruhanga nalema ensi yoona,
kandi babi muno mu buli kintu. Buli kintu kyabo kyona
mulibo kibi muno. Kandi Ruhanga tarukukibakorra
habwokuba tibaliba bahikiriire. Baitu balicweerwa
omusango kandi nibaija kurangirra nti Ruhanga nuwe
akikozire n'obu baraayanga kukiikiririza, baine
kukiikiririza.

"*Ababi obwobagirra embabazi tibeega kukora ekihikire,
n'obwakubaire hanu omunsi eyabarungi, nabwo tibyakyakora
ebitahikire; bakyayaangire kwetegereza obukuru bwawe*" Naija
kwanga habwokuba omububi bwe tainemu okwegomba
kwona kwokumanya mukama .

'Ai Mukama, oyimukize omukono baitu abantu tibarukugurora.
Obooleke nkoku orukugonza muno abantu baawe, nukwo

bakwatwe ensoni, omurro ogukaba gutekaniriziibwe abazigu baawe bubamaleho" OMUKAMA, emikono yabo obweba ehanikirwe, tibarukwija kurora; baitu baija kuswazibwa habwebibwabo hali abantu; Ego omurro ogwabanyanzigwa babo

IV. "Mukama, noija kutuha obusiinge..."

"Mukama, niiwe olituha obusinge habwokuba otuha ekisemeriire ebikorwa byaitu." Naakoraki hati" Naatwihamu emirimu ey'emibiri gyaitu. Naatwihamu emirimu ya sitani. Byona naabihamu nukwo atuteekemu emirimo ye.

"(Mukama, niiwe olituha obusinge habwokuba otuha ekisemeriire ebikorwa byaitu.."

Akagambo "wrought" nikamanyisaaki? Nikamanyisa "kukora". Mukama naatukora mu buhikirrire bwe. Naatuteekamu emirimu ye. Emirundi egimu titurukukihurra. Niturra ebintu biindi. Nituhunirra obuhikiriire bwe nambere buli kandi kunu aine ekyarukukora. Naakitabura nukwo kiije ha bwerre nukwo akisobozese kurugayo omunda yaitu. Amiina. *"(Mukama, niiwe olituha obusinge habwokuba otuha ekisemeriire ebikorwa byaitu."* Teri mirimu yaitu baitu mirimu ya Ruhanga. Naatuhindura. *"Muleke kwesisaniza n'ab'ensi enu, baitu muhinduke, nimugarurwa buhyaka omubiteekerezo byaitu..."* (Abarooma 12:2)

. . .

Hati, Ruhanga nakoraki hanu? "*Omuntu anyakutaho omutima, amuha obusinge obusemeriire* "Ruhanga nakora habiteekerezo byaitu hati. Amiina. "*Ai Mukama Ruhanga waitu, abakama abaandi abatali iwe, nubo baatulemere, Baitu tiharoro n'omu owu twikiriza kukira iwe, busaho ibara litwatura, kukira eryaawe. Bakafa tibakigaruka kwomeera; biituuru, tibaliimuka habwokuba niiwe obafubiire wabahweerekereza. Tiharoho n'omu asobora kwongera kubaijuka.*

Tugarukeyo... Abakama abaandi balemere obwomezi bwaitu. Naitwe obwomezi bwaitu tubusiisire habwokuba tutakome obuhiikiriire, Tutakome mazima. Hati, kiki ekyabaireho? Ebyo ebintu byona bikaija mubwomezi bwaitu nukwo bituleme. Enganikyo zaitu nyiingi muno kandi z'emiringo nyingi kusigikirra nkoku tuli hanu. Baitu haroho ekintu kimu ekyamazima; Yesu obwaliba atumaliiriize, kandi tukamwikiriza kukora omulimu gwe muli itwe, nubwo turaaba bahikiriire, nitwija kulinda amazima kandi tube n'obusinge obusemeriire.

Naabaza hali abakama banu boona. Nitusobora kukora orukarra oruraihire orwa abakama banu, tinukwo?

Orukarra rw'abakama banu nurwo rukutulalibaniza buli kaire kandi kunu abarukuira obwingi tibaine mazima. Banu abakama nibaikara nibatubuungira buli kiro, nibatutuuntuza, nibatubiiha ebisuba kandi nibatugamba ebintu biingi muno. Baitu nibatulema. Habwaki nibatulema? Habwokuba titukahaire Ruhanga obukama bw'okutulema. Tubwesigaliize. "*... Ai Mukama Ruhanga waitu, abakama abaandi abatali iwe, nubo baatulemere.*"

"Oh, nyowe nukwo ndukusana nti," Nimpurra abantu nukwo barukugamba. "Abantu obubaraaba nibangoonza, baine kungoonza nkoku ndi, habwokuba nukwo ndi ntyo" Nkira muno kubarora kandi nkabasaasira habwokuba Mukama nayenda kubahindura nukwo atufoole nkawe. Ruhanga aine enteekateeka kumaraho abakama banu.

Hati huliriza kinu. "... Abakama abaandi, oihireho iwe, nibatulema; baitu kuraba muli iwe wenka, Mukama wenka naija kubaza ibara lyaawe" Kinu nikiija kukorwa kuraba omu Ruhanga wenka.

Kiki baitu? Twine kumuleka akikole. "baitu kuraba muli iwe wenka, Mukama wenka naija kubaza ibara lyaawe." Twine kukireeta omwa Mukama, kandi twine kukireeta obu tumaliiriire tutakugenda kukimwihaho, obu nitwenda kukyesumurramu.

Obuturaakimuha, kinu nikyo arukugenda kukora. Nagaamba nti byona bifiire. Byona nabizikiriza. Tibukwija kugumaho nakati. Byona nibiija kuba bifiire. Obubikuba bifiire, nibiba bifiirre kandi biziikirwe. *"...tibaliimuka habwokuba niiwe obafubiire"* Obwokuba ofiire kandi oziikirwe, tosobora kuhuumbuuka. Hati kyoka akikozire ngu nikisoboka, kandi haleme kubaho kugurukaguruka mu biteekerezo byaawe ekyakusobora kukora.

"...Busaho ibara litwatura, kukira eryaawe; Bakafa tibakugaruka kwomeera; biituuru, tibaliimuka habwokuba niiwe obafubiire wabahweerekereza. Tiharoho n'omu asobora kwongera kubaijuka."

Hati nituteekereza nti tikikusoboka, hmm? Baitu kakuba tukimukwasa, naija kukihwerekereza kyona, akiragaze kuruga omubiteekerezo byabo byona.

Ai Mukama, niiwe wakulize ihaanga lyaitu. Niiwe wagahilize ensi yalyo hambaju zoona; Eki nikyo kyakurugiiremu ekitiinisa.

Ninyeenda kukugambira kiro kinu nti amazima g'ekigambo kinu ningamanyira kimu kandi nahanu haroho abantu abandi abarukumanya amazima g'ekigambo kye. Ky'amaani baitu tikiri hali itwe. Obuturaaba nitwenda kuba nka sitaani kandi tukamwikiriza kutulemannukwo akatutuuntuza ekiro na nyamusana, kiri hali itwe.

Kiro kinu ninyija kubasabira, nukwo mube n'obusinge. Nyenkya tikirukusoboka nti oraaba otabwine. Ebi byona akabihweerekereza, yabiziika kandi tibirukwija kwongera kuhuumbuuka.

V. Yesu Akahweerekereza Omusaija w'ekibi.

N'omanya, nkatendekebwa omukanisa erukukira kubazaaho eby'okwezibwa. Hati obunatandikire kusoma ekigambo omulingo Ruhanga yakimpairemu, nkarora eky'embaganiza. Nibabaza ha muntu owaira ow'ekibi. Iwe oramutangaine? Okaba omumanyire? Akabuzaabuza abakristayo baingi muno. Eki noomanya ekirukumanyisa?

Nateekerezaaga nti eby'omubiri nibyo birukweyoleka. Ebyo nibyo ebigambo ab'ekanisa nakuliiremu ebibagaambaga. Kakuba wabalizaaga haiguru, rundi kakuba wagambaga ebitahikire mubantu, baagaambaga mbu eby'omubiri nibyeyoleka. Baitul eka nkugambire amakuru. Yesu akagamba **ebi byona akabitwara ha musalaba**. Akatunganyira ebiibi baitu kuraba omusagamaye. Akahweerekereza ekibi kya Adamu ekiri muli iwe. Akakitwara ha musalaba. Omukyeeno gwona gukaba gutiarweyo okugwa kw'omuntu.

Yesu akakitwara ha musalaba. Obutubatizibwa mu maizi, nituba twine omugisa ogwokunaga omuntu owaira ow'ekibi kandi n'okumuziika. Baitu akahweerekereza ha musalaba, yasiisa amaani ge hamusalaba. Hali ogu omukristayo weena owalikihurra kandi akakyorobera. Obworukusirimuka mumaizi oku, nukwo akaziika omuntu owa ira, nooba omwisire. Takyaali mwomeezi. Akafa ha musalaba. Baitu one omugisa ogwokumuziika nukow omanyire kimu nti takyali mwomezi.

Nkahurra kuheheera kwingi muno obu Ruhanga yanyolekere eki ekyahandikwa habwokuba nkaba nkimanyire nti ogu omuntu owaira ow'ekibi akaba nagenda kuguma nanyowe obu nidubata na Yesu.

Webale Ruhanga nti byona bisuba. Twakubaire twine ebintu bingi ebitwakugondeze turugemu baitu twine Yesu naija kubiihamu habwaitu Amiina! Akagamba kyomugaso muno itwe kubatizibwa omumaizi omuli Yesu Kristo hatali omukanisa, hatali mukanisa, ag'Abasodooki, hatali omu makelezia g'Akatuliki, rundi amakanisa g'Abaptisti, baitu omuli Yesu Kristo.

Okubatiza kwa Yohaana, kwali kubatizibwa kwokwegarukamu, baitu okwa Yesu kwokutugarra hali we nawe hali itwe – nukwo atufoole ab'omwoyo bwango.

Titukyali mu ihanga lya Adamu baitu tuli omu ihanga erihyaaka erikozirwe Yesu Kristo obu nitusirimuka ha musalaba kandi n'omumaizi. Ogu omuntu owaira aziikirwe okuzimu kandi takyasobora kuhumbuuka obu turaikiriza Yesu Kristo kuba Mukama waitu omu bukama bwe mu bwomezi baitu.

Obuturamwehooga, nitwija kuraba mubintu ebigumangaine muno ebya sitani yatutegekiire. Baitu kakuba ogumira muno hali mukama kandi okakora ebi ebyagamba gunu omulimo ogwatuhaire ogwamani niguba guhoire omuli yesu kristo. "**Omuli huwe nitwomeera, tugeenda, tuba nokubaho kwaitu**". Nuwe atuh obusiinge obusemeriire kandi bikara naitwe kandi bukaguma naitwe. Akabututegekera. Akabutusobozesa. Akatusobozesa kubatizibwa mu maize nukwo tusobole kuba b'obugabe kuruga mu muntu owaira owekibi, nukwo tusobole kwomeera omubusinge nukwo tusiise byona ebikuruga omubwomeezi bunu.

Ruhanga atugarukiremu – Kuzaalibwa okuhyaaka.

Akagamba Nikodemu, "Oine kuzaalibwa buhyaaka – kuzaalibwa mu mwoyo, n'okuzaalibwa mu maizi." Baitu hanu natugambira nkoku arakikora. Kumaliiriza ebi omunyanzigwa arukuleengaho kututekerezesa bisigale munda yaitu. Obu turamwikiriza, Ruhanga naija kubiihamu. Kakuba tutamwikiriza nitwija kugumizamu nitukyegondezamu.

Ningira abantu abamu bakyegondezamu. Ningira nitwetaaga kumalirra kuleka Ruhanga abitwale byona n'abakama baitu abaira kuruga omu bwomeezi bwaitu. Omunyanzigwa obwaija, akalengaho kutugamba "Hati dora omurole…". Kakuba okora ensobi, kakuba obiihirwa. Ijukira nti Ruhanga akatuhaanga nkawe, yatuha obuhangwa bwe. Adamu akahayo obuhangwa, tinukwo? Baitu yesu yakugarra hali itwe. Kakuba tukwenda kinu kuba hakukomamu kwaitu, obutuba nobugabe rundi obutwikiriza Ruhanga kutwara ba ruhanga abandi kandi akabasasira kimu kandi akamarrahokimu okwijukwa kwabo. Hatasigaireho kiijukizo kyona.

Kinu ekigambo kyamaani kandi nikirorwa kandi Ruhanga nuwe wenka asemeza abantube. Yesu akakisemeza ha Kalivariyo. Akakisemeza obuyahumbuukire kuruga mukituuro. Hati kucwa omusango kukyali munsi, kandi abatungwa bensi nibaija kwega okuhikirra.

Nibaija kukyega kuraba muli itwe. Kakuba twikiriza amalirize emirimu muli itwe, nitwija kuba nobusinge obusemeriire. Ebintu binu byona nibija kuruga omubwomeezi bwaitu nibigamira huwe hanu haroho omukama owe kigambokye. Kiri hali twe ekiturakora nakyo.

Obuturaaba nitukyayenda kuhimba ebintu binu hoona hoona, eki kiri halitwe. Ekikuhuniriza kiri nti, Ruhanga naakitweebya kyoona. yobusobozi muno kiri aletaho okuhwerekereza okwija kwakyo kwona. "**Titwine kubaho n'ebisasiro**" Titwine kukigumiisiriza obuturaaba twiikiriize Ruhanga kukitwara akakihwerekereza, Amiina. Obusinge bwe nitwenda oburukwingana nkaha? Akatutegekera kuba n'obusinge bwe. Bwaitu obuturaaba nitubwenda.

Vi "Obuturarubatira omukyererezi nkoku ali kyererezi ...."

Haroho ekyahandikirwe omu **1 Yohana 1:7** *"Baitu obu tuba nitugendera omu musana, uwe nkooku ali musana, buli naitwe tuteeraine hamu, kandi esagama y'omwana we Yesu etwogyaho buli kibi kyona"* Ruhanga nuwe wenka arukutwogya. Obutusobya rundi obutukora ebibi, twija mumaiso ge nitumusaba ekiganyiro. Ruhanga nuwe atwogyaaho ebibi byona. Kakuba tukora ensobi, kakuba tusisa, twija hali huwe, okutuganyira aho naho. Kandi Ruhanga atweza kuruga mubiibi byona.

Ninyikiriza amazima ganu, nigatebezibwa omu makanisa nkoku Ruhanga yakigondeze gaherezibwa. Okutalibayo owakugaruka enyuma. Habwokuba omwohi obwaija, obutukora ensobi emu rundi obutukora ekibi kimu ekitaito, naija kutubonabonesa mpaka tukozire akakikuru. Hati aho omwohi aba atwinganize.

Ekigambo nikigamba, *"n'atwogya"*. Yesu aikaliire ha mukono gwa Ise ogw'obulyo naatwesengerereza nk'omwana w'omuntu. Nakyatwesengerereza kujunwa kuruga mu kibi n'amaani ga sitani. Hanu omwa Isaya nikitwoleka omulimo oguhoire, Hanu omu Yohana nagamba, *"Baitu obu tuba nitugendera omu musana, uwe nkooku ali musana, buli naitwe tuteeraine hamu..."*

Kiki ekibaho? Omuntu aturuka hanu nukwo akasiisa, hanyuma naija mu ba'Isemu. Kiki ekibaho? Naaba atakyali wa Isemu. Nukwo kiri. Noyehurra oli nkatamanyirwe omulibo. Habwaki? Habwokubaorubasire waruga omukyererezi kandi ekyererezi omubaikiriza kyakutanga. **Mubyona ekyorukwetaga kukora nikyo Kurubatira omu musana okasaba Yesu ekiganyiro.** Naija kutuganyira bwango. Obu nubwo turarubatira omu musana. Aho nitwija kwongera kuteerana n'abaisemu. bwango naija kutuganyira, kandi nitwija kurubatira mukyererezi omurundi ogundi. Yesu nagamba atutungire obwomeezi kandi obu obusinge obwatuha.

Yesu obuyagarukire obu amazire kuhumbuka kuruga mubafu, ekintu ekiyabandize kugambira ab'egesibwa be kyali *"Obusinge bube nainywe"*

Nahabweki omukama nagamba, "mbahaire *obusinge bwange...*" Habwaki nimwikiriza omunyanzigwa kububatwaraho? Obworaaba osobeze, eky'oine kukora nikyo kumusaba ekiganyiro nukwo obusinge bukugarukire. Kandi obusinge obu nibwija kukugarukira buli busingebwe obwatuha kakuba neminwa yaitu yebikorwa byaitu tufeerwa obusinge obu. Aho twine kugenda mberetwabunagire tubukomeho omurundi ogundi. Ruhanga akitwinire, kakuba twikiriza akituhe. **Baitu tosobora kulinda ekitabangukire.**

Ninyangira kimu ebintu ebimu eby'abakristayo baikiriize munsi kiro kinu. di owakwangirakimu ebintu binu abakristayo ebibarukwikiriza omunsi enu eya hati, habwokuba ninyikiranizana. Kandi obwekwikirinizana,

nosobora kugamba ogorobe Yesu! Habwokuba
obwokugenda kumurora. Nangwa torukwija, torukwija
kugenda nokwikiraniza kwawe hansi hanu, nababi
abayangire kwikiriza yesu kubaha obusinge obuhikiriire.

Kimu habwokurorraho kubaho kwa Ruhanga nikyo
obusinge bwe. Yesu akabuteka ahonaho omubegeswabe.
Obuyaizire kubarora akyarugire omubafu, akabaha
obusingebwe. Akahayo obusingebwe habwaitu itweena,
kandi kiri hali itwe kukomamu. Kakuba tutakikomamu,
kale mazire kukusomera ekirukwija kukubaho. Nogenda
mukikaro ekyababi. Kimu kyonka ekimanyire. tarukugonza
omukristayo kubonabonesibwa obworaba nobonabona
oiine kukurugamu, Kuheyo hali mukama kandi obusinge
nibwija kukulinda. Kakuba otaikiriza ekigambokye,
otamusaba kukukorra ekintu kyona. Nagambira abo
abaikiriza byona nibisoboka. Naija kukitukorra baitu
kakuba tuba twine okugonza akitukorre. Kirikyaitu hati
obuturaba nitukyenda.

VII. Ebintu bibiri ebyampindwire: -

Nyine ebintu bibiri ebikuru ebinarabiremu kandi
bikahindurra kimu obwomeezi bwange natunga obusinge
bwe. Nkaba nsisirwe, hatali habweka yange, baitu habweki
ekinatekerize, Norora, titwine kuburanganizibwa ebi
ebyabantu bagamba rundi bakora. Obuturaba
nitukwatwaho habwabyo, nitwija kuhutara habwabyo.

Nyina nyowe akafa obunkaba nyine emyaka 11, yatulekera
bagenzi bange abato 5 aboojo n'abaisiki. Isenyowe
tiyacuumbaga kandi ataine kintu kyona ekyarukumanya
ekirukukwata ha baana, habwokuba ya korraga hara

nomuka obwire bwingi. Hakaba haroho abaana aboojo bataano nabaisiki rundi torukumanya abaana abato aboojo na baisiki ebibakora muno muno obubaba bataine nyinabo rundi omuntuwena owakubarolerra. Bantalibanizaaga muno. Baangambaga, "notekereza iwe okuba ki? Tosobara kutugambira ekyokukora. Kandi notekereza kiki ekikuzire omunda muli nyowe? Bingi ebyobutabanguko, n'oburofu.

Obunatuungire emyaka 16 obwomeezi bwange nkabukwasa Mukama. Aho entaro nuho zaatandikiire. Bagenzi bange abakuru baagambaga, "munyadiini eyebihemeheme!" Bakatwara abaana kandi babatwara omukicweka ekindi ekihanga, kandi nkaba ntarukwikirizibwa n'okubabuungira habwokuba nkaba ndi munyadiini muno. Bambazaahoga ebintu biingi, kandi byona byampikangahoga. Akasumi ako, ebyo ebintu nkabiikiriza kumpwerekerra. Nkahurra kwetwa; kandi knamanya ekya Ruhanga yagondeze nkole. Baitu hanu haroho ab'eka yange.

Norora, tikiri kirungi kulemera ha maka kandi kunu Ruhanga nalengaho kugakwihamu nukwo akole eky'embaganiza mu bwomezi baitu. Nkaba ntaine nsoonga yoona na Ruhanga. Namugoonzaaga. Baitu nkaba ntasobora kumuheereza habw'ebintu byona ebyali munda yange. Baitu nkaba ningaruka hansi, hansi mumulingo ogundi habwokuba nkaba ninyikiriza ebintu abantu bagambaga n'ebibi akora. Hati ekya sitaani yakozire kumpwerekereza. Kinu kitabe ky'okusaandaara.

Kiro kimu mukama akankwata kandi yangamba ab'eka yange mbarugemu. Yayongera yagamba "Nyine eka endi, egi eka yange neija kuba yaawe." Ekiro eki, nkaba ndihaihi kweyiita obu niimanya. Nkaba mbijwahire nkakimanya nkaba ntaine rugendo rwona. Ruhanga akankikya nukwo yangamba, "Nkakugamba eka yaawe girugemu baitu okaanga kumpurra. Hati ninkuragira ogirugemu".

Obuyandagiire kukikora; nkagamba kale mukama ngirekire. Nagirekera aho naho kandi Ruhanga yampa ekijukyo ekirukusasa muno, buli kintu kyoona ekinatekerezaga kyabaga kigumangaine, tinsobora okubikugambira habwokuba akabitwara kandi yabihwerekereza. Baitu nkaba nyine kumwikiriza akikole.

Ekintu kyona obukiraaba kiri omuli itwe ekirukututaanga kwikiriza Yesu atunge obusobozi mu bwomeezi bwaitu, twine kukyeyihaho. Obwaraaba muntu rundi ebintu, twine kubireka tukabirugaho. Habwokuba nkaleka eka yange enkuru egende, hati nkatungamu eka endi enuungi. Eka ya Ruhanga erumu abaana abandukugoonza muno. Obutubimulekera, Ruhanga aine ekirungi ekirukukirayo.

Tibalikutalibaniza obwomeezi bwange kuruga yesu obuyakitwaire. Kakuba tulemera habiintu yesu arukugamba tulekere, biija kututwara kandi bituhwerekereze. Baitu **kakuba** tubirekera, aine ekintu ekirungi muno, kakuba tumuleka akikole.

Ruhanga aine obusinge obusemeriire habwa buli muntu omuli itwe. Kakuba twikiriza atahe omunju asingorre buli kintu kiri kyamaani muno muno Ruhanga akyarakora omubiro bitaito. Norora, Ruhanga naija kukikora habwaitu itweena. Ensoga baingi omuli itwe abarukwetorora nibahunirra nebizibu tutukabimuhaire.

Haroho akaire obunkaba nimpeereza mu maambuka ga California. Nkaheereza emirundi ena ekiro eki nukwo nagaruka mu kisiika kyange kubyama. Mukama akaija mu kisiika kyange yataandika kunsemeza haigufa lyange ery'omutwe. Nkamuhuura nasumurra omutwe gwange nukwo namukaguza, "Mukama n'okoraki? Akangarukamu nagamba nti, "Ninkwihamu ebitasemiire kuba mu mutwe gwawe"
Aho nahurra obutagasi, obutagasi oburungi nibusirimuka okugenderakimu omu mutwe gwange gwona.
Namukaguza, Nokoraki? Yagamba ninteka omwoyo wange, ekyererezi kyange oku kandi ninyihamu ekirimu kyoona" ninswekerra omwanya ogu, nukwo hatabaho kintu kyona muli ebi ekiragaruka" Kakuba kwehurra okwekitinisa kandi tikikahindukaga omubwomeezi bwange kuruga kiro eki.

Ebyo ebintu bibiri ebinarabiremu bikahindura obwomeezi bwange kandi habwokuba Ruhanga akatwara ebi byoona ebyomunyanziigwa yakubaire akozeseze kusisa obwomeezi bwange.

Mukama akangambira ebitekerezo ebimbanyirwe n'ebitamanyirwe nibissana nka akataambi. Ebyo ebitamanyirwe nibikwata buli kimu ekiturozire rundi ekituhuliire kuruga ha kasumi twafookere abantu. Byona nibikwatibwa ha katambi ako. Buli bintu ebicaafu ebiturora ha sinema, rundi ebyohurra ha rediyo byona biriyo ha bwongo bwaitu. Tiharoho mwanya mukoto nakati ogukulekirweho kukozesa omubitekerezo byawe, habwokuba gwona gusisirwe, Baitu mukama, nagamba, nuwe wenka asobora okubisimura omuli itwe... nukwo nsobole kuguma ntaine buzibu bwona n'abantu. Ruhanga akahindura obwomeezi bwange nukwo nsobole okugumisiriza abantu nukwo nsobole okwikara na abantu, nukwo muhurre kandi mworobere.

Ruhanga nayenda kukitukorra itwena obu turaaba nitwegomba ahiindule obwomeezi bwaitu nukwo tube byakukozesabye habwa engonzize, n'obusingebwe, okusemererwa, kwe n'obuhikirire bwe kiri hali itwe. Ntunga obuzibu n'entekereza yaitu, nitwomera obwomeezi obwokubihiza Ruhanga obutuleka ebiintu binu kikasisa obwomeezi bwaitu. Mukama aine ekigarukwamu hati omukigambokye; kakuba tugonza obusinge obuhikire, naija kubituha. Naija kutwara okweralikirra kwona, okwegomba kwona.

VIII: Kumalirra N'okusaba:

Tindukunihira nti haliyo omuntu wena munsi munu arukweraliikirra nka nyowe. Ganu mazima. Nkaba ninyeralikiirra kuruga habuto bwange nkeralikirra kyona ekinali nyine kwali kweralikirra.

Nkaba ntaine kintu kyona ekindi. Baitu mawe, kyamahano kita. **Ruhanga natugonza muno.** Akantwara ndi mwana muto haifo oku mu Ohio – USA obu nindubasa ebigere kwonka kandi obu ntaine kinyinakyo obu nyijwiire kweralikirra kandi obu ntaterekeriire, obu aijwire kweralikirra, ebiteekerezo bye biri hanu na hali baitu Yesu yahiindura obwomeezi bwe. Naija kukuha obusinge. **Obusinge bwe obutahwaaho** obuturaarubata nawe. Obutwikiriza atuhe obusinge obu bweyongera omubwomezi bwaitu, buba bwamaani, bwamaani.

Kandi kiro kimu nkagenda omurukurato, kandi nkaba manyire onu omusaija ekiyali kandi nayehurra kugenda, kandi obunamazire kuruga omurukuratorwe, yagamba, mugenzi wange mukama nakukiza hati bunu, oburwaire obwobaire nabwo obwomeezi bwawe bwona". Kikagenda mumulingo nkogu kyagenda. Kuruga kiro eki kuhikya kiro kinu tinkakibonaga natunga obusinge bwa Ruhanga. Ninsiima Ruhanga habwengozize, habwobusingebwe, habwokufwahokwe kutuleka bobugabe kandi kutulinda bobugabe habwobusingebwe, Amiina kyaitu hati bunu kakuba tukyenda.

Kakuba oyenda kwomera, n'ebizibu byawe, kakuba oyenda kwomera nebintu binu, kale yomera nabwo, baitu Ruhanga aine okusumururwa habwawe. Aine okukiiza, Aine obusinge, obusinge obwamani muno biro binu kakuba nitubwetaga.

Kiri halitwe, *"Mukama, niiwe olituha obusinge"* Hwerekerereza buli kiijukizo kyona. Ruhanga waitu w'amani. Akitaire mu mikonao yaitu, hati nitugenda kukikozesaaki? Nitugenda okuhuliriza ebyarukukora, nebyarukugamba nukwo tumwikirize ahindule obwomeezi bwaitu, rundi nitugenda kugumizamu omumiringo tubairemu? Ninyija kubagambira ekintu kimu ninkimanya nimugya kweyongerrakimu kandi hatali kurungi rundi buli obworamwikiriza akaleta obusingebwe bukaikara omuli iwe. Ruhanga nuwe alituha **obusinge habwaitu.**

Obusinge bwe - nukwo tusobole okwikara omubusinge bwe. Turubatire omubusingebwe, kandi tufwoke ihanga erihikirire erikulinda amazima. Ruhanga ayebale habw'ekigambokye, titurukwetaga kukihindura. Nikisigara kigambo kye. Nyowe nyenda muno kuhayo ekigambo, nukwo ebisigaire Omwoyo wa mukama abibazeeho.

Taata, nitukutendereza. Yesu nitukusaba, hati okwateho omuntu weena owarukuhurra ekigambo kinu. Yesu buli kintu watuhaire, okakituteekamu. Mukama, n'omanya ekyetagwa kya buli muntu weena. N'omanya ebyetagwa byabo mukasumi kanu. Kandi Mukama okageenderra buli omu abe n'obusinge. Nk'oku beemeriire mu miaso gaawe, obaroole mu mitima gyona, enteekereza yoona, kandi n'engeso zoona, na buli kintu kyona ekitarukusisana, Yesu, ninkusaba obe hagati y'abantu banu boona, obasumurre, abo boona abarukwetaaga kusumururwa. Mukama ninkusiima habw'ekigambo kinu ekyotuhaire. Okituhaire kyezibwe, kitasisirwe kandi kitatabwirwe. Otuhaire ekigambo ekiterekerire kairekanu. Hati mukama ninsaba oserre omutima, entekereza yabuli muntu, ninkusaba okole mubuli muntu, buli muntu arukungonza okikole nukwo abe wobugabe. Ruhanga, nitukusaba hati kurubata hagati omu bantu banu. Omwibara lya **Yesu Amiina.**

LEKA TWIJUKE

TWIJUKE: OKWIKIRIZA OBUSINGE BWA RUHANGA OBUHIKIRE:

Ijuzaamu emyaanya gyoona.

1. "Mukingule amalembo, ihanga erinyakulinda litaahe."
2. "Omuntu anyakutaho amuha, habwokuba naakwesiga."
3. "Mwesige mukama ebiro byoona habwokuba Mukama Ruhanga nugwo ogwa buli na buli."
4. "Obwocwera ensi n'abantu baayo, abantu boona nibwo bamanya amakuru".
5. "Mukama, niiwe olituha."
6. "Muleke kwesisaniza n'ab'ensi enu, baitu, omubiteekerezo byaitu…"
7. "Baitu obu tuba nitugendera omu, uwe nkooku ali musana, buli naitwe hamu, kandi esagama y'omwana we Yesu buli kibi kyona"

MAZIMA RUNDI BISUBA:

1. Ekigambo kya Ruhanga nikyo kigarukwamu kyabuli mitalibaine mu bwomezi bwaitu.

2. Ekitufoora ba kristayo nukwo okulinda amazima.

3. Kwikiraniza kusisire abakristayo kasumi kanu.

4. Ensonga habwaki titwine businge obusemeriire nibyo ebitekerezo byaitu butaguma hali huwe.

5. Okucwa omusango kwa Ruhanga kuli ha muntu.

6. Abakama abandi bakaija omubwomeezi bwaitu habwokuba tutakomemu amazima.

7. "Omuntu owaira owekibi" akaba kyomukyeno kitutairweho habwokugwa kwomuntu.

8. "Kakuba tugumira muno, hali mukama, kandi tukakora eki ekyarukugamba. Omulimo ogwamaani ogwatuhaire guhoire.

9. "kakuba tukora ensobi, kakuba tusiisa twija hali huwe kandi timusaba kutuganyira aho naho atuganyira ebibi byaitu kandi atwogezakimu,

10. "Kakuba twatura nakanwa kaitu kandi nebikorwa byaitu, tukafwerwa obusinge obu aho twine, kugaruka hali mbere twabulirwe tukabukomaho".

11. Kakuba ekintu kyona kyona kiba kiri omubwomeezi bwaitu ekirukusobora kututanga kwikiriza yesu kutwara omwanya akalema obwomeezi bwaitu, twine okukyerekesa.

12. Ebiteekerezo ebimanyirwe n'ebitamanyirwe nibisana akatambi akarukwata.

13. Mukama nuwe wenka asobora okutusiimuramu ebi ebitwijuize mubitekerezo byaitu.

IJUKA OKWIKIRIZA OBUSINGE BWA RUHANGA OBUSEMERIIRE:

KUSSANIZA:

a. Kunagibwa

b. Orufumo rw'omusigi

c. Omunaku arukwetaaga

d. Akatambi akarukukwata.

e. Yesu

f. Kubonaboona

g. Ekigambo kya Ruhanga.

h. Obusinge

i. Ebizibu by'ensi

j. Kinu ekiro

k. Ekikolimo

l. Ekihaanga ekihyaaka.

1. Nambere Amazima gageenzire.

2. Omulingo gw'ekanisa y'abakristayo erumu.

3. Noha arukwija kugarra hansi orubuga?

4. Baija kulekerra abakama abaira.

5. Ruhanga tarukukigondeza abakristayo.

6. Ebiteekerezo ebimanyirwe n'ebitamanyirwe.

7. Ekigarukwamu kizokere hanu

8. Ruhanga alituha.

9. "kiro eki"

10. kyeralikiriza.

11. omuntu owaira o'wekibi.

12. Okubatizibwa kutufwora.

CHAPTER 2
EMITWALIZE RUNDI OBURAIHA

Emitwalize (Attitude) rundi OBURAIHA

Matayo 5 – Okwegesa okwa ha Rusozi.

"Habwaki tuba n'okwegesibwa kw'emigisa? Habwokuba Ruhanga n'atwegesa kuba n'engeso rundi tube n'entekereza enungi.

Omuhanda ogumanyirwekimu ogutusoborraamu kuba n'entekereza enungi guli omu Yesu obu ali munda yaitu. Mazimakwo tali Yesu wenka anyakuli munda yaitu baitu n'okugonza kwe aine kukututeekamu. Nindora ebyomubiri bingi, nindora ekitweta okugonza okw'omuntu. Baitu tikirukumara kuhindura entekereza yaitu. Ruhanga wenka nuwe asobora kuhindura entekereza zaitu. N'osobora kugamba." torukwikara haihi n'abantu abanyikara nabo; n'abantu ndukumanya tobamanyire." Yesu nigwo omubazi gwonka.

Hatali Yesu ow'ebicweeka baitu Yesu weena. Okugonzakwe mubulikimu. Binu nibye ebiragiro ebitwine kuhondera.

Nateekerezaaga nti binu ebayhandikibwa byaali by'okutukoonyera kugenda omu iguru. Nangwa nibituyamba kubaho. Banza orole enteekereza zaitu nukwo orole obuturaaba nitwoleka Yesu rundi nitwoleka emibiri yaitu. Mpurra abantu nibagamba "baine kungonza; nyowe nikwo nahangirwe, obubaraaba tibarukungooza nkoku ndi, eki kiri hali bo. Baine kukigumira".

Twine kukirora nti Jesu wenka nuwe ahindura obwomezi bwaitu.

Nitusobora kukikora omumuhanda ogundi; nitutekereza nitukikora kurungi baitu nikyolekebwa omubwomeezi bwaitu obwabulikiro nomuntekereza yaitu. Omulingo ogutubalizamu, omulingo ogututwalizamu abandi.

Ningonza okwanjurra Yesu wenyini kiro kinu. Yesu Kristo owa Ruhanga yasindikire omunsi, akagonza muno ensi eiyahangire, akagonza buli muntu weena omunsi kumanya omwanaawe yesu, ogu nugwo mutima gwa isitwe. Niturora ensi enu nitusanga byona bisobire. Ruhanga kakuba aleta kucwa omusango, nikikirra kimu obuvuyo.

Nitugenda kukoraki?

Haroho ekintu kimu Ruhanga ekyakutwetagaho, nikyo tube nka Yesu. "Kuruga omubutumwa "engonzi za Ruhanga" obw'Omwahule Agnes. I Numer.

Nyenkyakara emu nkaimuka nka saaha 12 (ikumi na ibiri) nasirimuka ha madaara nka saaha 12:30 (Ikumi na ibiri n'ekicweeka). Nkarora Annella, ogu ayali araire na Agnes kandi yamugambira, ninyija kwikara nomwahule Agnes, 1 numer habwekicweka ekimu kuhika 7. Agnes yali abyamire.

Nakyetegereza omwihireho ekyomakye ekyokwikizaho orwoya. Obunakimugarwireho yaimuka yatandika kukaguza ebikaguzo, nka buli ijo. Namukaguza ningonza manye obwaraba nayenda kumusomera Baibuli, yagamba nukwo kiri nukwo kiri!!

Obunasomere ekitabu kya Matayo, tukahika ha suura ya 5. Nkaba nimpuurra kuundi kumusomera Matayo 5 kandi kunu nuwe yaginsomeraga mu myaka ey'enyuma. Ebusisani byaijaga mu bwongo bwange obu Agnes yatugambaga kuleeta ekitabu ekirukusoborra amakuru g'ebigambo, kuserra ebigambo ebihyaaka ebi twasomaga in our beatitudes. Ninyijukira nilyo isomo eri yabandize kutwegesaaho. Ruhanga akatuteekamu biingi. Nitukikozesa nkakoma akakuseruliriza obwomeezi bwaitu abwomwoyo nkazonzora ebicweeka nambere ndi muceke, nasaba Ruhanga anyoleke obuceke obuli mubwomeezi bwange nukwo ndeme kwirukira busa mu mpaka z'okwiruka.

Teresa Skinner

Leka twekebeze mu myoyo gyatu.

Soma ebyahandikirwe haifo nukwo ogarukemu ebikaguzo.

Matayo 5:

1. Yesu obu yarozire ebitebe by'abantu, yatemba orusozi, yaikarra hansi, nukwo abeegesebwa be kwija nambere ali,

2. Yatandika kubeegesa ati:

3. "Baina omugisa abeemanya nkooku bali banaku omu mwoyo, habwokuba obukama bw'omwiguru bwabo.

4. Baina omugisa abarukuganya, habwokuba Ruhanga alibahuumuza.

5. Baina omugisa abaculeezi, habwokuba baligweterwa ensi.

6. Baina omugisa abarukurumwa enjara bakakwatwa n'iroho habw'obuhikiriire, habwokuba baliiguta.

7. Baina omugisa ab'embabazi, habwokuba baligirirwa embabazi.

8. Baina omugisa ab'emitima esemiire, habwokuba balirora Ruhanga.

9. Baina omugisa abanyakuteeraniza abantu omu businge, habwokuba balyetwa baana ba Ruhanga.

10. Baina omugisa abahiiganizibwa habw'obuhikiriire, habwokuba obukama bw'omwiguru bwabo.

11. Inywe mwina omugisa abantu obu baraabajumaga, obu baraabahiiganizaaga kandi bakabahangirra ebintu ebibi byona habwange.

12. Musemererwe, mukyanganuke, habwokuba empeera yanyu nyingi omu iguru; nukwo baahiiganiize bati abarangi abaabandize inywe."

13. "Inywe muli kisura ky'ensi; kakuba ekisura kihoibwamu orusa, orusa oru ruligarurwamu ruta? Kiba kitakyagasa, kisigaliire kunagwa n'okurubaatirirwa abantu.

14. "Inywe muli kyererezi ky'ensi. Orubuga orwombekerwe ha rusozi tirusobora kuserekwa.

15. Busaho muntu ahemba etaara akagijuumikira ekigega, baitu bagita ha kikondo, nukwo emulikire abantu boona abali omu nju.

16. *Ekyererezi kyanyu nukwo kimulikire kiti abantu, barole ebikorwa byanyu ebirungi, bukugize Isiinywe ow'omu iguru.*

EKITABU EKIRUKWOLEKA ENSOBORRA NIKIGAMBAKI?

Abanaku mumwoyo

Abarukuganya

Abaculeezi

Ab'emitima esemiire

Ab'embabazi

Abaruteraniza abantu mu businge.

Abahiiganizibwa

Soma kandi ohandike amakuru g'ebigambo binu omu Ruyonaani.

Obukama bw'omw'igurru

Kuhumuzibwa

Kugweterwa ensi

Kwigusibwa

Okugirirwa embabazi

Abarukwera omumutima

Balirora Ruhanga

Baana ba Ruhanga

Habw'obuhikiriire.

Kinu Ekyahandikirwe nikikwata kita ha "mitwalize" yaange"

Okwegesa okwa ha Rusozi nikugamba nti niitwe musana gw'ensi. Iwe noyerora ota nk'omusana gw'ensi? Kandi ab'omunju n'oboleka ota omusana?

Soma ebyaanhdikirwe kandi ogarukemu ebikaguzo ebigambirweho.

17. Mutateekereza ngu, nkaija kwihaho Ebiragiro n'abarangi. Ebi ntaije kubiihaho, baitu nkaija kubihikiriza.

18. Mazimakwo nimbagambira nti: Iguru n'ensi bitakahoireho, busaho enyuguta n'emu ey'omu Biragiro noobu kaakuba kacweka kaayo akaliihwamu, okuhika byona obu birikahikirra.

19. Nahabweki weena anyakucwa ekimu ha biragiro binu ebike, kandi akeegesa abandi kubicwa, alyetwa muto omu bukama bw'omwiguru; kandi weena anyakubikwata akabyegesa abandi, alyetwa mukuru omu bukama bw'omwiguru.

20. Baitu nimbagambira nti: Obuhikiriire bwanyu obu butalikira obw'abeegesa b'ebiragiro n'obw'Abafalisaayo timulitaaha omu bukama bw'omwiguru."

21. "Mukahurra aba ira nkooku baagambiirwe bati: 'Otaliita; weena anyakwita w'okusingwa omusango'.

22. Baitu nyowe nimbagambira nti: Weena anyakubiihirirwa mugenzi we ali w'okusingwa omusango; weena anyakujuma mugenzi we alitwarwa omu rukurato; kandi weena anyakweta mugenzi we ati: 'Kidoma we!' ogu alinagwa omu kiinongoro ky'omurro.

23. Habweki, kakuba oba noohayo ekisembo kyawe ha itambiro, okaijuka nkooku mugenzi waawe aina eki arukukujunaana,

24. siga aho ekisembo kyawe omu maiso g'itambiro, genda obanze ogarukanganemu nawe, nubwo ogaruke ohonge ekisembo kyawe.

25. "Garukanganamu bwango n'ogu arukujunaana, atakakuhikize omu bulemi; nukwo aleke kukunyegerra hali omucwi w'emisango, n'omucwi w'emisango akakukwasa omuserikale, kandi omuserikale akakuta omu nkomo.

26. Mazimakwo nyowe ninkugambira nti: Tolirugamu okuhika obu olikasasurra kimu akasente koona."

27. "Mukahurra nkooku kyagambirwe kiti: 'Otalisiihana'.

28. Baitu nyowe nimbagambira nit: Weena ogu arora omukazi akamwegomba, buli omu mutima gwe aba asiihaine nawe.

Okaba Omanyire:-

"Haihi kimu kya ikumi kya abakristayo abatebezi b'enjiri bakakigumya nti kusiihana, ebisiyaga, obuseegu, kuhemura, obutamiizi n'okwihamu enda byona bakabitoongoza"

(Kuseruliriza kwa Barna, November 2003)

Hali ekanisa yomu Thyatira: *"Baitu kinu nikyo ndukukujunaana: n'okyaikiriza omukazi ogu Yezabeeli, ayukweyeta murangikati, nuwe ahabisa abaheereza bange kandi naabeegesa kwemarra ha busiihani n'okulya ebihongiirwe embandwa."* Okusuukururwa 2:20

Kinu tikiine kakwaso nabuli muntu ekyakora baitu kiri hali ebi ebindukukora. Ebyahandikirwe binu nibitwoleka bita amazima ga Baibuli?

Iwe nanyowe nitusobora tuta okwegesa ebiragiro binu?

Soma orukarra 27 – 28. Kiro kinu nubwo twine kwekebera emitima yaitu.

N'oyerora ota nkoku orukuyamba abantu kurubatira omuburukwera omu miringo enu?

Obwire obumu tubaza ebintu bingi…….. Tubaza ebiturukumanyisa kandi nitumanyisa ebitukubaza? Ebyo ebitubaza nibisarra?

Matayo 5:44 – *"Baitu nyowe nimbagambira nti: mugonzeege abanyanzigwa baanyu, kandi musabirege abarukubahiiganiza;"*

Kiro kinu bingi abakutunoba rundi abarukutugaya. Nitwoleka tuta orukarra oru orugambirweho eruguru omunyikara yaitu eyabuli kiro?

Matayo 5:46 – *"Obu muraaba nimugonza abarukubagonza, mulitunga mpeeraki…"*

Tinukwo nabandi bakora? Kyanguhire okwebwa…

. . .

N'Abanyamahanga tinukwo bakora bati?

Kyanguhire muno kweebwa.

Matayo 5:47 "*Obu muraaba nimuramukya bagenzi banyu bonka, abanda nimubaramukizaaho ki? N'Abanyamahanga tinukwo bakora bati?*

Kyanguhire muno kweebwa. Muno muno kakuba tuteekereza nti tuli b'ebitiinis nk'omuliisa rundi omwebembezi.

Matayo 5:48, "*Habweki mube bahikiriire nka Isiinywe ow'omu iguru oku ahikiriire.*"

Kyanguhire kwebwa ekigendererwa kyaitu…….. okuba nka yesu omubuli kimu ekitukora.

TWIJUKE: EMITWALIZE RUNDI OBURAIHA

1. Habwaki yesu yatuhaire Okwegesa kwa ha rusozi?

(a) Akaba nagonza kugumanganiza obwomeezi bwaitu.

(b) Ruhanga natwegesa okuba n'emitwalize emirungi.

(c) Akagonza tube n'enkarra enyingi ezokwijuka.

2. Kigumire muno abaantu okuba n'emitwalize egihikire.

(a) Mazima

(b) Kisuba

3. Muhanda ki ogw'amazima gwonka ogukutusobozesa kuba n'emitwalize egihikire?

(a) Kusoma Baibuli buli kiro.

(b) Kusiiba n'okwehana.

(c) Kusaba Ruhanga engonzi za Yesu omu mitima gyaitu.

(d) Byona haiguru.

4. Okugonza okw'obuntu nikumara omuntu kukira n'okwegesa kwa ha rusozi hali abantu boona.

(a) Mazima

(b) Kisuba

5. Okugonza kwa Ruhanga tukwoleke oha?

(a) Abeeka yaitu,

(b) Banywani baitu,

(c) Abanyanzigwa baitu,

(d) Abantu ab'omukanisa yaitu abatutamanyire,

(e) Byoona haiguru.

6. Ekyahandikirwe kinu nikinkorra kita ha mitwalize gyange?

(a) Nikinyoleka nkoku abandi baine kuntwara.

(b) Tikiri kikuru

(c) Ndi mwebembezi kandi tindukukyetaga.

(d) Nikyoleka mbere nsemerire kuhindura.

7. N'omulikya ota omusana hali abo boona abali omunju? (komamu hakire 4).

(a) Nkaguza Ruhanga nkoku nsobora kugonza abanda.

(b) Ningambira abandi ebyahandikirwe n'obubaraaba batarukwenda kuhurra.

(c) Ningambira abandi ebintu ebirukubakwataho.

(d) Ningambira abandi ha bya Yesu..

(e) Ndwanirra obugabe nemigisa yange.

(f) Ndaliiza abandi kwija omu kanisa.

(g) Nsikiriza abandi haby'obwebembezi bwange

(h) Ningabira eby'okulya hali abo boona abataine.

8. "Baitu kinu nikyo ndukukujunaana: n'okyaikiriza omukazi ogu Yezabeeli, ayukweyeta murangikati, nuwe abaheereza bange kandi ha n'okulya ebihongiirwe embandwa." Okusuukururwa 2:20

9. Okwegesa okwa ha Rusozi nikutwoleka engonzi za Ruhanga hali abo boona abatatukora kurungi,

(a) Mazima

(b) Kisuba

CHAPTER 3
MUKAMA, NIIWE OLITUHA OBUSINGE

Isaya 26:12. Mukama, niiwe olituha obusinge habwokuba otuha ekisemeriire ebikorwa byaitu.

13. Ai Mukama Ruhanga waitu, abakama abaandi abatali iwe, nubo baatulemere, Baitu tiharoro n'omu owu twikiriza kukira iwe, busaho ibara litwatura, kukira eryaawe.

14. Bakafa tibakigaruka kwomeera; biituuru, tibaliimuka habwokuba niiwe obafubiire wabahweerekereza. Tiharoho n'omu asobora kwongera kubaijuka.

"Mukama, niiwe olituha obusinge..." Habwaki yakigambire ati? Akakigamba habwokuba nukwo akaba nikigonza kibe. Akakitugondeza – baitu kiri hali itwe kukitunga.

Akagamba, "Ninkugondeza obusinge." Obwaraaba atuhaire obusinge, twine kubutunga.

Tikuli kugonza kwaitu okutuha amaani okuba nobusobozi, nitusobora okuba nabwo obutubwikiriza. Obutweralikira mukikarokye kubwikiriza hati titurukwija kuba nobusinge obu. Abaruhanga abandi batunyagaho obusinge bwaitu, yesu nagamba, mbahaire obusinge bwange baitukakuba tutabutangirra obusinge obu nituba nabwe tuta? Kakuba oraba oine abakama abandi omubwomeezi bwawe torukwija kutunga obusinge omubwomeezi bwawe.

Tutakatungire Ruhanga obusinge bwe, twine okusemeza enju yaitu, obu nitwatura abakama abandi hanyuma tub'ehooge. *"Ai Mukama Ruhanga waitu, abakama abaandi abatali iwe, nubo baatulemere, Baitu tiharoro n'omu owu twikiriza kukira iwe, busaho ibara litwatura, kukira eryaawe."* Abakama abaandi, titukwija kwongera kubeeta. Nitugenda kub'ehooga kandi tukirangirre nti tub'ehoogere. Titukwija kwongerra kimu n'okubeeta.

Ruhanga akagamba bafire tibarukwija okwomera emyoyo ehoireho, tibarukwija kwemera; nahabweki, mubabungire nabahwerekereza, Kandi namarrahokimu okwijukwa kwabo" Ruhanga akatwara abakama abo kandi yabahwerekereza. Kakuba nitwikiriza bwikiriza yesu kutwara abakama abo kandi akabahwerereza Ruhanga naija kuletereza ekijukyo kyabo kuhweraho kimu. Titurukwija kwijuka ebirimu ebigumire omurundi ogundi, nitwija kuba nobusingebwe. Naija kuhindura obwomeezi bwaitu kandi natuha obusingebwe. Yesu yagambira ihunga "obusinge bubeho" omwoyo arukwera yaha obusingebwe kuraba omubegesibwa be obu bali nibahereza abantu, Abantu obu baraba batungire ekigambo aho obusinge bukasigara. Abantu obubaraba bayangire ekigambo, aho yesu yagamba *"nimuteerateera ecuucu y'omu bigere byanyu."* (Matayo 10:13 – 14).

Yesu natuha obusinge bunu kiro kinu, abantu baine okutunga amazima habwomeezi bwabo okuhinduka, obubalyanga amazima, tibaliba n'obusinge nakati, Kakuba oliburwaho obusinge bwawe oyekaguze wenka nkaha mberewali oli obubwakubuzireho? Okaba nokoraki? Ruhanga akaba nakugamba kukoraki? Genda ogarukeyo kandi oyongere otunge obusinge bwawe. Ruhanga nagamba, mbahaire obusinge bwange, hatali ensi oku egaba. Emitima yanyu ereke kweralikirra, muteke obwesigwa bwanyu omuli nyowe, ninyowe musana gw'ensi.

Kakuba oba oli aheru hantu otahulire businge bwa Ruhanga…. kireke kandi okaguze Ruhanga kiki ekibaireho? Yorobera Ruhanga tarukwetaga kuba… Ruhanga mbere atali twine okuba nobusinge obuhikire kugenda mumaiso kandi nokukora Ruhanga ekyakugonza tukole. Kakuba tuba na mazima nokwegarukamu, twine okuburanganizibwa. Turamanya tuta ekiturukusemerra kukora? Nitwija kwebembera tuta abandi?

Ekanisa ekimanyirire nkoku nitusobora okwijuzibwa obusingebwe obusemeriire? Ensi neyenda omulingo gwawe, baitu yesu nagonza twije hakyererezi. Kakuba abandi banga ekyererezi namazima, nibaija kubihwabihwa, baitu nitwija okwemerra mubumanzi kandi nituba nobusinge obuterekerire.

Obwire obundi omwohi obwabaza naitwe, alengeho kutuletera kugurukyagurukya. Otamuhuliriza, Mugambire, torukwikara muli nyowe omurundi ogundi!" Torukwetagisa kuhanura nomwohi, torukwetagisa kutina. Ekigambo kya Ruhanga kiri nkoku ali nuwe wenka atulinda hali obutini.

Tiharoho kiragiro hamazima, engonzi nobusinge busaho muntu, kandi busaho kiragiro ekisobora okubukutwaraho obutwikiriza ekigambo kya Ruhanga, aho sitaani aba atakyaine ekyasobora kukora hali iitwe. Okulengwa nikwija baitu aho nuho tusemerire okwemerra hakigambo kya Ruhanga. Naija kukozesa ebirengo kyokwemerraho ekyokutufwora ba maani. Yesu obu yalengesebwaga yagamba, "kikahandiikwa" akaba musinguzi hali omunyanzigwa kandi naitwe nukwo tuli habwokuba nitwikiriza amazimage.

Ruhanga alituha obusinge. Akaturabyamu, tukemerra mu mazima kandi na Ruhanga nasobora kutukozesa kukoonyera omuntu ondi.

Ayi mukama Ruhanga, omuli iwe wenka nuho naramya ibara lyawe. Abakama abaira bafiire. Obuturalengaho kuziikura ebyafaayo, nituba nituziikura abafu. Bakagenda. Nkoku twikiriza Ruhanga kutwara obusinge obusemeriire muli itwe, **abakama abaira bakafa ira tibakyaroho.** Akakiikiriza, yakitugondeza. Kyona ekiri mukugonzakwe kyaitu, nogenda okukoraki na kyo?

Amazima tugaiha nkaha? Kuruga omukigambokye. Omanya ota nti oine amazima? Yesu nagamba "Ninyowe muhanda, amazima n'obwomeezi" Nuwe muhanda kugya hali ise. Tiharoho omuhanda ogundi omukuzarwa okusyaka mukama wobusinge akaija okuzarwa omuli itwe. Kakuba twatura ebyokusisa byaitu naijaa kutuganyira kandi natuha obusingebwe, obwomezibwe, engonzize kandi natwijuza ekyererezikye, hanyuma turamanya ebibi baitu bigenzire kandi obwomeezi obuhikire buliyo. Ekigambo ekyahandiikirwe kine kuba kyamaani omuliwe.

Ruhanga nagonza kukukozesa kuyamba abandi. Obwaramara kuleeta obusinge bwe mu bwomeezi bwaitu, nayenda akukozese nka omusana omunsi habwa bataahi baitu.

Omanyire ekyetagwa ekibaire, omulingo gwobwomeezi bwabo mbere hatali businge. Leka basome Isaya 26 kandi bamanye ngu kuli kugonza kwa Ruhanga hali bo. Nukwo yesu akafa kandi yahumbuka nukwo babe nobusinge kandi babe nobwomeezi obutahwaho. Saba hamu nabo nabaikiriza ekyamahano kinu ekikozirwe omuntekereza yabo kandi nomumutima gwabo. Ruhanga naija kubakiza omubicweka byabo ebyacwekere kandi abungire ebicweka ebyasalizibwe alete obusinge. Naija kuboleka nkoku asobora okwikiriza akakufwora omusaija rundi omukazi wa Ruhanga. Aboleke nkoku asobora okusoma ekigambokye kandi akamumanya. Bahabule okwikarahara rundi okukora ebiintu mbere abakama abaira bali, kandi balema.

HAroho ekintu ekya Ruhanga akora, Ruhanga nuwe wenka akusobora kuleeta obusinge obwa mulingo gunu. Obusinge obuhiingwire ha kwetegereza kw'omuntu. Titusobora okusumurra omuntu kuruga okubonabonesibwa kwonka. Nayongeraho kakuba akora ebyowekitinisa.

O. Oh okusemererwa! Tujunirwe.

Ruhanga n'atugondeza obusinge mali. Oyetegekere okutunga obusinge bwe hati?

Kirugire omu butumwa bwa Isaya 26 byaihwamu Omwahule Agnes I. Numer.

TWIJUKE: MUKAMA, NIIWE OLITUHA OBUSINGE

1. Itwena twine amaani ag'okuba n'obusinge.

(a) Mazima

(b) Kisuba

2. Ruhanga atukolire omuhanda okuba n'obusinge.

(a) Kugweralikirra.

(b) Kulengaho n'amaani kugutuunga

(c) Okwikiriza obusinge obwatuha

3. Kuba nobusinge twine kulekerakimu baruhanga abandi

(a) Kub'ehooga

(b) Kubabiinga.

(c) Kurwana nabo mpaka bukiire.

4. Obwomeezi bwaitu kuhindurwa, twine;

(a) Kusoma ebitabu ebikutwoleka nkoku tuhindurwa.

(b) Obundi kusingurwa.

(c) Kutunga amazima.

5. Titurukwetaaga kutiina sitaani habwokuba;

(a) Nitumanya omusaango gwe.

(b) Ekigambo kya Ruhanga kiri omuli itwe kandi nuwe wenka atulinda kuruga mu kutiina.

(c) Twine omusalaba mu bikya byaitu.

6. Ruhanga obwamara kutusomora paka nseeri, kandi twine obusinguzi, nitusobora kuyamba omuntu ondi

(a) Mazima

(b) Kisuba

7. Ebirengeso nibija kwija kandi bitufwole baceke

(a) Mazima

(b) Kisuba

8. Abakama abaira; bahoire amaani kandi tibarukusobora okututalibaniza rundi buli

(a) Nitusiisa mu mulingo oguundi.

(b) Nituramya muno.

(c) Nituziikura ebyaira.

9. Nitusobora kuyamba abantu abandi nitubegesa kumanya Ruhanga nkoku akwenda babe nobusinge.

(a) Mazima

(b) Kisuba

10. Nitusobora kujuna omuntu kuruga mukutalibanizibwa. Kandi nitusobora kumuha obusinge bunu;

(a) Mazima

(b) Kisuba

CHAPTER 4
ORUTARO RW'OMWOYO

Orutaro rw'omwoyo ruhulikirwa nk'ekintu ekitukora. baitu Ruhanga nuwe akikora kuraba muli itwe. Tutwine rundi Ruhanga akaija kulekera abasibe babe bobugabe. Nayenda abantube kukiraho itwe.

Omukusoma kunu akokwenga roar hati huwe habwokuganyirakwe okwamaani nobunabuzibwe hali ogu owagonza kukonyera kandi nokuganyirakwe hali abahendekere. Ijuka nitugonza okukora ebi byonka ebitwarozire Ruhanga na kora. Kandi kirungi obuturaba nitulengaho okukora orutaro rwomwoyo itwenka, hiba nomuntu owalimurwani obwire bwona.

Orutaro tiruli rwaitu rwa Ruhanga

Omukuru Ow'ihe:

Yesuha 5:13 – 15 *Kandi kikahika yesuha obuyali haihi na Yeriko, akaimukya* **amaisoge haiguru** *yarora kandi hakaba* *haroho omusaija ayemerire omumaisoge nekita omungaroze; kandi yesuha yamugendera, kandi yagamba oli waitu rundi wa abanyanzigwa baitu?*

14 Atangarukamu *kintu" yagarukamu, baitu nka omukuru wabamahe ba Ruhanga nyizire hati" kandi yesuha yainamya amaisoge hansi, kandi yaramya, kandi yamugambira, kiki Ruhanga wange ekyagambire hali omuhereza wange?* 6 – 15 omukuru wa mukama omubungirwa yagamba hali yesuha. Ihamu enkaito omubigere byawe, ekikaro mbere oyemerire nikyera. Kandi yesuha yakikora.

Ruhanga tali habwaitu, baitu nitwe tuli hibe. Omubwomeezi bwaitu tuserra ebya Ruhanga arukwenda kuhindura. Tikiri nkoku turukwenda kuhindura munywani waitu rundi bakazi/basaija baitu. Obutukuba tutangatangaine ekyetaago ky'orutaro orw'omwoyo, twijukire nti Ruhanga nagonza ogu omuntu weena kukira nkoku tukubagonza nti akatuma omwana we kubafeera. Twine kwikiriza Ruhanga akarwana orutaro.

1. Ebisumuruzo bisatu by'orutaro rw'omwoyo:

Tihali habwobusobozi, nobuhokuba habwamani, baitu habwomwoyo gwange

Zakaliya 4:6 *Yagarukamu nangambira ati Kinu nikyo kigambo kya MUKAMA hali Zerubaberi ati Tihali habwobusobozi, nobuhokuba habwamani, baitu habwomwoyo gwange, agambire MUKAMA wamahe.*

Yesu akakora ekintu ekiyabaine ise nakora:

Yohana 5:19 Yesu nukwo kubagarukamu ati: Mazimakwo nimbagaambira nti: Mwana tasobora kukora ekintu kyona habwe wenka, rundi eki kyonka eki arora Ise naakora; habwokuba byona Ise ebi akora, Mwana nawe nibyo akora.

Esagama ya Yesu ekasasura byoona

Emu hali sinema ezirukwoleka entaro yesu eziyarwaine nensangwa omurutambi orwa *Passion of Christ*. Omukurora kwona niturora byona ebizibu ebyamuhikireho. Niturora Kristo obu nibamuteera hanyuma bamubaamba hamusalaba. Twine kumanya nkoku amabone gona yesu yarabiremu gali gakoto muno nokukira ebi ebyayolekerwe hakatambi.

Yesu akasasura ibanja kuhimba obusobozi hali sitani. Itwe nitulegaho kwonka nukwo naitwe turubatire omu busobozi bwe.

Leka twijuke - omukuru

Omurwani

Ruhanga aikiriza ebintu kubaho omubwomeezi bwaitu hatali kutusisa baitu kutegesa nokutugumya,

Yegesa emikono yange kurwana – Zabuli 18:34-40.

32 Nuwe Ruhanga antega amani omunda, Nuwe aterekereza omuhanda gwange.

33. anfora ebigere byange nkebigere byenjaza: Angumya omu biikaro byange ebiraihire.

34. Anyegesa engaro zange okurwana, nemikono yange egorra obuta obwomulinga.

35. Kandi okampa engabu eyokujuna kwawe, nomukono gwawe ogwobulyo gukakusagika, n'embabazi zawe zikanyumiza nyowe.

36. Okangalihiza omuhanda ogwebigere byange, nebikongoijo byange bitatere.

37. Ndihondera abanyanzigwa bange ndibakwata, ntindigaruka enyuma okuhikya obubalikahwerekera.

38. Ndibacumitira kimu batalisobora okwimuka; balingwa hansi omunda yebigere byange.

39. Baitu iwe okantega amaani okurwana, okaibainamya omu maiso gange abanyimukirire.

40. Kandi abanyazigwa bange okabahindura amabega omu maiso gange.

Yongera orole 2 Samuel 22:35

Zabuli ya Daudi

1. AYEBAZIBWE MUKAMA omwandara gwange, Anyakwegesa engaro zange okurwana Nenkumu zange okurwana.

2. Embabazi zange enungi, norukomero rwange, Enju yange eraihire, kandi omujuni wange; Engabu yange, kandi ogu oundukwesiga; Anyakundemesa abantu bange.

(Zabuli 144:1,2)

(Eby'okurwanisa by'obulemu bwaitu tibiri by'abantu, baitu by'amaani ga Ruhanga agahwerekereza ebigo ebigumire) 2 Korinto 10:4.

Abantu bangambira ngu bajwara ebyokurwanisa bya Ruhanga buli kiro. Nanyowe mbagambira "tinkakihamuga" obwire bwekiro buba bwakwehayo kuhagura habwa abantu abaingi. Ebyokurwanisa bya Ruhanga nikyo kimu nkokujwara Yesu kristo omukama. Nomujwara kandi tosobora okumujura, bunu obwire nibwo bwonyini nituisisaniriza ebyokurwanisa ebi, kandi kumanyirra omu gaso gwakyo Kurorrakimu ebitekerezo byaitu birinzirwe kandi titurukukingura nyingi kuraba mukubiha ebisuba rundi ebyokusisa ebindi.

Ebyokurwanisa bya Ruhanga:

1. Ekisigaireho, mube bamaani omu mukama waitu nomubusobozi obwa amaanige.

2. Mujwale ebyokurwanisa byoona ebya Ruhanga, musobole kwemererra obusupe bwa sitaani,

3. Nukwo ebyokurwanisa byona ebya Ruhanga, nukwo musobole okugumaho omu kiro ekibi, kandi obumulikakora byona okweme'ra.

4. *Nukwo mweme're, mwetegere omunda amazima, kandi mujwaire ekyaha kifuba ekyokuhiki`ra,*

5. *kandi musabikire enkaito zokwetekaniriza enziri yobusinge:*

6. *n'okukira byona, mukwasire engabu eyokwikiriza, niyo eribasoboza okuraza emisogi yoona eyomurro eyobubi.*

7. *Kandi mujwale enkofira eyo kujunwa, nempirima eyomwoyo, nikyo kigambo kya Ruhanga.*

8. *Nimusabirangana byona omumwoyo nokusaba kwona, nimurora omukwekamba kwona nokwesengereza kwona, habwarukwera bona* (Abefeso 6:10-18).

Orutaro rwa Mukama tiruli rwaitu: -

Kakuba ogenda omu mwanya gwa abamahe kandi okakozesa ebyokurwanisa tikirikumanyisa oli omumahe, Obwoba omunyamahe ekintu ekyokubanza orangirra nikyo kwoleka oli wihanga eri, abakulema nabofisi abakutendeka kandi nibakwebembera. Habwokuba abaantu" Baragura" babinga emizimu kandi bakora emirimo enungi" tikirukumanyisa ngu nibasindikwa okusasira rundi obwebundazi hali mukama wa bakama.

Mathew 7. "**Tukabinga emizimu – Ntabamanye,**

21 Omuntu wena anyakungambira ati MUKAMA wange, Mukama wange, tali ogu alitaha omu bukama obwomu iguru; baitu ogu anyakukora Isenyowe ali omu iguru ebyagonza.

22 Baingi balingambira ha kiro kiri ngu Mukama waitu, Mukama waitu, tutagambire omu ibara lyawe? Tutabinge mizimu omu ibara lyawe? Tutakole byamahano bingi omu ibara lyawe?

23. Nyowe ndibagarukamu ningamba Tinkabamanyaga inywe: murugeho namberendi, inywena abakora ebyokwema. (Matayo 7:21 -23).

Ruhanga natendeka abarwani omu bukamabwe abarukwija kumumanya okwalikuhondera okuragirrakwe kandi abaragenda nengonzize, hanyuma, obutulimutangatangana, aligamba mwebale kwija omuka omuherereza wange omwesigwa.

Ekyomubusinge 20

Yehosofati akaba aine ekizibu ekyamaani, omunyanzigwa akaba nagenda okusisa obukamabwe Amahe g'emirundi esatu – gakaba gamwolekiire n'ekigendererwa kimu. Kubahwerekereza.

Leka turole nkoku Yehosafati yakozire.

Yehosafati Akasiiba nukwo yaserra Mukama.

1. Kandi kikahika hanyuma yakinu, abana ba Moab na baana ba Amon, omulibo harumu na bandi oihireho aba Amon, baija baizira Yehosafat kurwana.

2. Aho haija abandi abagambire Yehosafati, nibagamba, haliyo abantu baingi abeteraine abaliyo nibaizire iwe, kuruga hanyanja orubanju rwa Syria, kandi, nibaija kuba omu Hazazontamar, oruli Engedi.

3. Kandi Yehosafati yatina kandi yayetekaniza okuserra mukama, kandi yarangirra okusiiba mukikaro kyona ekya Uda.

4. Kandi Yuda yaterana hamu, kusaba obukonyeezi bwa Ruhanga; nkokuruga omumbuga ezindi eza Udaya abaija kuserra Mukama.

Okugarukama kwange hali Yehosofati: -

2 Ekyomubusinge 20:15 *Kandi yagamba ati muhurre inywe Uda yoona, nainywe abomu Yerusalemu, nainywe omukama wa Yehosafati, nukwo Mukama abagambire ati, mutatina, kunu mutafwoberra habwekitebe eki ekingi; baitu obulemu tibuli bwanyu, baitu bwa Ruhanga.*

Ruhanga obuyagarukiremu Yehosafat, akamuramya,

18 Kandi Yehosafati yainamya namaisoge hansi; na Yuda yoona nabomu Yerusalemu bagwa hansi omumaiso ga Mukama.

19 **Kandi** *abalevi abomu baana Babakohasi na baana ba Bakakorahi, baimuka okukugiza Mukama Ruhanga owaisareri, niraka erihango muno.*

20 Kandi baimuka nyenkya nibazinduka, bagenda omwi'rungu lya Tekoa; Yehosafati yatekaniza abazini abamaraka nabakwecanga omumaiso okukugiza Ruhanga.

21 Kandi obuyahanuire nabantu, yabataaho bazinira Mukama, bakugize oburungi obwokuhikirra obubaraturuka omumaiso gihe, nibagamba ngu musiime Mukama, abaitu okuganyirakwe kwebiro nebiro.

22 Kandi obubatandikire okuzina, nokukugiza mukama yataho abokugwera abaana ba Amoni na Moabu, norusozi seyiri, abaizire okurwana na Yuda; batemwa. Yehosafati yabaihaho eminyago.

25 Kandi Yehosafati nabantube obubaizire okubaihaho eminyago, basanga omulibo itungo lingi nemitumbi nyingi, nebintu ebyomuhendo ebibayeyihire bonka, omukukira ebibasoboire okutwara.

Yehosafati akatwara okufwaho okwa amaani kusiima Ruhanga habwokutahamukwe.

26. Kandi ha kiro ekyakana bayesoroza, omukihanga kya Berak; baitu nuho basiimire Mukama.

27. Nubwo bagaruka omuntu weena owa Yuda na Yerusalemu, nayehosafati omumaiso gaabo okugarukayo Yerusalemu, nokusemererwa; baitu mukama akabaha okusemererwa ha bwa abanyanzigwa babo.

28. Baija Yerusalemu nendongo nenanga, namakondere hali enju ya Mukama.

29. Kandi okutina Ruhanga kwahika habukama bwoona obwensi. Obubahulire mukama arwana na banyanzigwa baisaleri.

Okubaho kwa Ruhanga – Bwirukiro bwawe – Kisumuruzo kyawe

Ebisumuruzo Ebindi

- **T**osobora kutamu ekyotaine.

- Ruhanga obwaraba atakuhaire ndagirro – otarubatira mu kuteebereza.

- Busaho kutiina – Obutiini atabuha omwanya.

- Omutima gwawe ataguta ha munyanzigwa.

Omutima guteeke ha bya Ruhanga arukukora:

Kandi yagamba – hati bunu kintuki omuntu onu ekyarukukirayo kwetaga?.........

Ruhanga tusabe tuta omunyikara enu? Muhandaki ogwawe?" Otaho omwanya okuganya nokutiina. Serra ekigambo kya Ruhanga kumanya ekigambokye nikigambaki hali enyikarra enu.

Nobuturaba nituserra kandi nitulindirra hali Ruhanga habwokuragirrakwe – Tikirukumanyisa ngu tutakora kintu kyoona – Kakuba oraba noyenda omulimo imuka wetekanize ogende oserre omulimo.

Omumahe, abanyamahe batekaniza ebyokurwanisa kandi balinda ebiragiro byokora ekyo ekyorukumanya oine kukora, kandi oyongere olindirre Mukama Ruhanga.

Orutaro Omukuzina – Yehosofati akakoraki?

Kukugiza nokuramya biri kisumuruzo, Ruhanga ali omu kukugiza kwa abantu kandi obutuba nituhereza omuntu ondi rundi niturwana habw`obwomeezi bwaitu, Nitwetaga okubahokwe. Abahereza ba Mukama omukukugiza nabahereza baitu.

Genda 2 x 2 obutuba nitusabira abantu okusumururwa, nokuhaburwa rundi nitubahereza – gendaho nomu, kakuba ohika hakikaro mbere osobora okuherereza, kuhabura omuntu owumutarukusisana gumya omutima gwawe hali Ruhanga kandi otwale omuntu ogu. Otalyetaba muntekereza nkeyabo akaba nabo Kandi otabayambire kirungi omusaija kuhereza omusaija nomukazi kuhereza omukazi. Kandi yabatuma babiri babiri, kandi yabaha amaani hali emyoyo emibi Matayo 6:7.

Otalibinga emizimu omukiniga, mubutafwayo, nomukwempanka:

Tosobora kubinga ekibi n'ekibi, Ekiniga, n'emyempanko bibi.

Okuba omuli iwe, tikirukumanyisa guli omwoyo rundi nigusemeza Ruhanga. Mpulire abantu nibagamba "Ninkusiba omwibara lya Yesu" obubaba bakyaliyo nibabaza n'ab'engozi baitu rundi banywani baabo habwokuba omuntu ogu takozire ekyakwenda. Kinu tikikukwata hali itwe, nikikwata ha kugonza kwa Ruhanga nkoku kwayolekerwe omunsi, nukwo bamumanye. Nitusaba kandi nitusiiba habwebyetagwa byaitu rundi habwokujunwa?

Linda omutima gwawe:

Abantu bacamuka muno biro binu. Twine kuguma nitumanya nkoku binu tibikutukwataho, kiri kimu hali **Engonzi za Ruhanga zikolekebwa**, hali omuntu onu nukwo asobole okukira nokugarulirwa oburukwera.

Oyerinde omumutima gwawe nomukwekamba kwona. Baitu nuho ali ensoro ezobwomeezi. Enfumo 4:23

Nukwo anyakuterkereza ayemerire ayerinde atagwa. 1 Bakorinto 10:12.

Ekinyonyi nikisobora okuharruka kikakuraba hamutwe baitu otalikiriza kwombeka ekiju kyako hamutwe gwawe.

Ebitekerezo, Ebitekerezo, Ebitekerezo... Kakuba tulimara kuba bobusinge itwena nkoku tukukora hamu nabantu abandi, ekitekerezo ekirukwija mubwongo bwawe tikiringu kirugire hali sitani rundi ngu tusingwirwe. Ebitekerezo ebibi obubija, otabitwara kandi otaikara nabyo. Kandi otecwera omusango ngu habwokuba ekitekerezo kizire mubwongo bwawe. Naija kuhindura obwomeezi bwaitu nkoku tuliyo nitumuserra kandi nitumweha.

Kandi ndibamisira amaizi agasemire kandi mulisemezibwa. Ndibasemeza omukusisikara kwanyu kwona hali ebisisani byanyu byona.

Nukwo agyeze, obuyamazire okugisemeza nagyogesa amaizi, omukigambo, nukwo ogyeretere wenka ekanisa eyekitinisa, etanyina kamogo, nobugwakuba omugonya, nokukyakuba ekintu kyona erikusisanakiti baitu ikale eri erukwera etaroho musango.

Abefeso 5:26-27

Leka twijuke – omurwani

Omunyanzigwa: Yesu, munyanyire, Paulo, mumanyire, baitu iwe niwe oha?

. . .

The Enemy

Baitu omwoyo omubi gwabagarukamu guti: "Yesu mmumanyire, na Paulo mmumanyire; baitu inywe, niinywe baha?" Ebikirwa bya abatume 19:15.

Omunyanzigwa wa Ruhanga aine amaani kandi w'amaani; tali w'okuzaanisa.

Ogwire okuruga haiguru, iwe enyunyuzi ya nyenkya, mwana wa bukiire! Otemerwe hansi, iwe ayatemaga amahanga! Isaya 14:12.

Omunyanzigwa akanoba Ruhanga. Naitwe akatunoba habwokuba tukahangwa omukisisani kya Ruhanga kandi nitumwijukya Ruhanga.

14 MUKAMA Ruhanga yagambira enjoka ati baitu okozire kinu, ocenerwe iwe okukira ebisoro bwona, nokukira enyamaiswa zona ezomu kisaka: oragendesaga enda, kandi olalyaga ecucu ebiro byona ebyobwomezi bwawe: 15 nanyowe ndatahoga okuhigana ahagati yawe nomukazi, kandi hagati yoruzaro rwawe noruzarorwe: alikuhutaza omutwe gwawe, naiwe orimuhutaza ekikongoijokye. Kubanza 3:14-15.

Obuhangwa obw'omubiri: Buli kintu ekitwali obu Kristo atakaizire, ekitwagwetiirwe, buli kimu kyona kiri mubuhangwa bwa Adamu

Obuhangwa bwaitu obw'omubiri – N'obu turabujweka engoye, rundi kubusereka, tibwine maani goona mumaiso g'omwoyo. Kandi tibwine obusobozi hali omunyanzigwa wa Ruhanga. Okunihira, kwaito n'amaani gaitu nibyo biine obusobozi bunu.

Yesu akasasura ibanja kuhima obusobozi hali sitani tukwatamu kandi turubatira omubusobozibwe. Niturubatira omu busobozi bwa

³ Noobu turaaba tuli omunsi, baiutu titurukurwana nk'ab'ensi. ⁴ Eby'omurwanisa by'obulemu bwaitu tibiri by'abantu, baitu by'amaani ga Ruhanga agahwerekereza ebigo ebigumire. ⁵ Itwe tumaraho empaka zoona hamu n'ekintu ekindi kyona eky'okwekuliriza ekirukutanga abantu kumanya Ruhanga, kandi tugarra ebiteekerezo byona eby'abantu hali Kristo. (2 Abakorinto 10:3-5.)

Sitaani Otamuha omwanya:

Orutaro rw'omwoyo nirukorwa kuraba omubusobozi bwa Yesu Kristo. Titusobora kubinga ekibi n'ekibi. Kinu ekyahandikirwe nikitwoleka nkoku tutasemeriire okuha sitaani omwanya.

22 Mucwe engeso zanyu eza ira ezi mwinazo ezisiisirwe okwegomba okubi okurukuhabisa.

23 Mufooke bahyaka omu biteekerezo byanyu n'omu mitima yanyu.

24 Mube n'obwomeezi obuhyaka Ruhanga obu arukubahangamu oburukuzookwamu obuhikiriire obw'amazima n'oburukwera.

²⁵ Nahabweki mufuuhize kimu ebisuba, buli muntu abazeega amazima na mutaahi we, habwokuba tuli bicweka by'omubiri gumu.

²⁶ Kakuba mukwatwa ekiniga, nwerinde mutaasiisa; mutalinaga izooba mukyaina ekiniga.

²⁷ Kandi muteeretereza Sitaani mukamuha omwanya ogw'okuboohya.

²⁸ Omusuma alekere aho kwiba. Haakire akozese emikono ye emirimo y'omugaso, nukwo asobole n'okugabira abaseege.

²⁹ Ekigambo kyona ekibi kitaliruga omu kanwa kanyu. Mubazeege ebirungi byonka ebirukwombeka n'ebirukuhikaana n'ekintu eki muroho, nukwo kireetere omugisa abo abakihurra.

³⁰ Kandi muleke kurumya Mwoyo Ahikiriire wa Ruhanga, habwokuba nuwe manyikirizo ei mwatairweho kwoleka nkooku muli ba Ruhanga okuhika ha kiro ky'okucungurwa.

³¹ Obunyanzigwa bwona, ekiniga, okubiihirwa, obwogo, okuhangirra n'itima lyona bibarugiremu kimu.

³² Mugirranganege embabazi, mube benda, muganyiranganege nkooku Ruhanga yabaganyiriire omu Kristo.

(Abefeso 4:22 – 32.)

Ekyokurwanisa ky'omunyanzigwa, butabanguko:

Obututendeka abahereza na baliisa mu mahaanga ag'aheeru, ekimu habikaguzo ebyakaguzibwaga kyali, habwaki obubagendaga kuheereza bakagenda omubikaro byomwirima bamalirraga nibarwanisangana? Ruhanga aragira omugisa obuhaba haroho obumu. Omunyanzigwa wa Ruhanga agonza muno kwecwamucwamu. Ekirukukirayo ekyakora omukikaro kyabakurwanisa, nikyo kubaletereza kurwanisangana.

Obutuhurra okubaho kunu okwokwahukana, tukusabira kandi twikiriza engonzi za Ruhanga okuturabamu omuli itwe kandi tukaanga kusasura omubiri nomubiri.

Eby'okurwanisa bya Kristo;

13 Habweki mukwate eby'okurwanisa byona ebya Ruhanga, nukwo musobole kwemera ebiribaho ha kiro ekibi, kandi obu mulimara kukora byona, mwemerre mugumire.

14 Nahabweki, mwemerre mwetegere amazima omu nda, kandi mujwaire ha kifuba obuhikiriire nk'ekizibaho ky'ekyoma.

15 Mujwale enkaito omu bigere byanyu, mweteekaniize okurangirra Amakuru Amarungi ag'obusinge.

16 Okukira byona, mukwate engabu y'okwikiriza ei musobora kuzimisa emyambi yoona ey'Omubi erukwaka omurro.

. . .

17 Mujwale enkofiira ey'ekyoma ey'okujunwa, kandi mukwate n'empirima eya Mwoyo Ahikiriire, nikyo kigambo kya Ruhanga.

18 Obutoosa musabege nimwesengereza Ruhanga okubakoonyera, kandi nimusabira omu Mwoyo Ahikiriire. Eki mukikolege obutalekerra, nimusabira abaikiriza boona,

(Abefeso 6:13 – 18)

Abarumi 13:14

Baitu mujwale mukama waitu, Yesu Kristo, kunu mutatekereza okukora ebyomubiri omukwegomba kwago.

Murole eby'okurwanisa ebya Kristo nk'oku biswekerwe obutukuba tujwaire Yesu Kristo?

Omutwe gwaitu guba guswekerwe okujunwa, kandi okubatiza okwa amaizi kufurungura obuhangwa bwa Adam. Obuturubatira omumwoyowe, tusweka ebicweka byaitu ebingi, nituha ebicweka hamazima nobuhikirire?

Obutujwara Yesu Kristo kandi n'omubiri tukagwiima ebyetaago byagwo, ekigwetaga – twomeera n'ebyokurwanisa.

Omunyanzigwa akanoba Ruhanga, Naitwe akatunoba habwokuba nitumwijukiza Ruhanga wenyini. Tutukwesiga munyanzigwa habwa ebi ebyagamba, obutumurora, tukaguza Mukama noyenda nkoleki? nenyikara enu!

Hanyuma obu buba obwire byokusaba buhikiriire –
Tusabira omuntu kandi tuserra Mukama habwa okujunwa.
Kandi tusiba amaani ago okuhikirakimu hakina ekyagehena omwibara lya Yesu Kristo. Tusaba habwa obusobozi bwogu ayasaswire ibanja.

Kirugire omu'kwesengereza okw'Omwahule Agnes I. Numer

Soma Danieri Esuura 10

Daniel akatandika kusaba kand Ruhanga yamuhurra okusabakwe kuruga habwire yatekanirizemu omutimagwe, hali Ruhanga.

Akahurra kandi akamanya okurra kwomutima gwa Daneil, baitu amaani, abakuru abali omumuyaga bakemera batanga esaara egi okuhika hali Ruhanga. Kandi ekinu kyona Daniel ekiyali nasabira, Ruhanga yamwesukurraga. Akaba Kristo Daniel owuyarozire kandi ayamuherize. Baitu akagamba kikatwara ebiro 21 okucwa amaani ago nabakuru abo, abali bali omumuyaga, kandi Daniel akamanya nkoku Ruhanga akuhurra esaraye baitu akaba atakagarraga okugarukamu kuhikya obuyarwaine orutaro rwomwoyo omwiguru.

Nikimanya amaani gasitaani nkoku nigalemera muno, omubikaro ebindi kukirangana.

Ganu nigo amaani omunyanzigwa agategekere okulema oku, nahabweki Daniel atalye nintekereza akasiiba ebiro 21. Baitu mukama akagonza amanye nkoku obwire yaytekanirizemu omutimagwe kusaba Ruhanga akahurra esaraye.

Nimanya kinu kyamazima Ruhanga atuhaire akintu kya maani kandi tuhoire nomugisa na mwoyo arukwera tuhoirwe omugisa hamu nogu owatwara esara zaitu kandi akazitwara hali isitwe nkokugonza kwa Ruhanga, tuhoirwe omugisa kiro kinu nobu kiraba abalemi banagirwe hansi. Hati sitani tasobora kugenda omwiguru okuturangirraho ebintu hali ise; Ekintu eki kikacweka. Ruhanga atuhoire obusobozi nomwanya okusesa amaani nabalemi kuraba omukusaba nokwesengereza.

Leka twijuke – Omunyanzigwa

Omusibe

Hanu Omusibe nasobora kuba omuntu weena, owali haihi nawe, owosaangire hamuhaanda, ow'eka yaawe; naiwe nosobora kuba musibe.

Ruhanga atatugenderre kuba basibe: -

[7] Baitu buli omu omuli itwe akaheebwa ebisembo nkooku Kristo omu Mbabazi ze yamulengiire.

⁸ *Nikyo kyagambiirwe kiti: "Obu yatembere omwiguri, akeebembera ihe ly'abo aba yaihire omu bunyagwa, kandi yabaha ebisembo."*

Abefeso 4:7, 8

Luka 4:18

¹⁸ *"Omwoyo wa MUKAMA ali hali nyowe, habwokuba akanseesaho amagita kutebeza abanaku amakuru amarungi. Akantuma kurangirra okulekerwa kw'abanyankomo. n'abafu b'amaiso nkooku baraahweza, kugarurra obusinge abarukubonabonesibwa,* ¹⁹ *n'okurangirra omwaka MUKAMA aligiirramu embabazi."*

N'okugwa okwa Adamu owokubanza kutakabaireho, Ruhanga akaba aine entegeka ey'okugarra abantu hali iwe.

Yakobo 1:13-15

¹³ *Omuntu obu ayohebwa aleke kugira ati: "Nyohiibwe Ruhanga", habwokuba Ruhanga tayohebwa kukora ebibi, kandi tayohya muntu n'omu;* ¹⁴ *baitu buli muntu ayohebwa obu abiihwabiihwa kandi atwalirizibwa okwegomba kwe okubi.* ¹⁵ *Hanyuma okwegomba obu kumara kwija, kuzaara ekibi; kandi ekibi obu kimara kukura, kirugwamu kufa.*

Yeremiya 31:34

Kandi balireka okwegesa omuomu mutahiwe, kandi omuomu mugenziwe ati Manya MUKAMA: baitu bona bali'manya, okuruga ha muto omulibo nokuhikya ha mukuru omulibo, agambire MUKAMA: baitu ndiganyira okutahiki'ra kwabu, nekibi kyabu ndireka okukiijuka.

Omutima gwa Ruhanga gwikara nigukwatwa okusasira kw'abantube nukwo mazimakwo batangirre obuhangwabe – nukwo twomeere n'obusinge.

12 Mukama, niiwe olituha obusinge habwokuba otuha ekisemeriire ebikorwa byaitu.

13 Ai Mukama Ruhanga waitu, abakama abaandi abatali iwe, nubo baatulemere, Baitu tiharoro n'omu owu twikiriza kukira iwe, busaho ibara litwatura, kukira eryaawe.

14 Bakafa tibakigaruka kwomeera; biituuru, tibaliimuka habwokuba niiwe obafubiire wabahweerekereza. Tiharoho n'omu asobora kwongera kubaijuka. (Isaya 26:12-14)

Omubwomeezi bwaitu, Ruhanga tarukwenda bwenda okuburanganiza omunyanzigwa baitu nokwijukwa kwomunyanzigwa okuhwaho! Kunu nukwo kutegeka kwa Ruhanga. Baingi abasibe abatakinzonzora nkoku Ruhanga agonza babe n'obusinge.

Yesu akabiinga omuzimu gwa kifwa-munwa, biro binu ekitweeta kibubu – omuntu akaba atakusoboro kubaza.

Obuyamazire, abantu bakahunirra muno. Ningira abantu bakatiina muno. Kunu okusumururwa kwali kutakabagahoga omu biro bya Yesu. Kandi Yesu yatwara obusobozi obu okwegesa enyegesa hali orutaro rw'omwoyo hali abo abali baine okutu okuhurra"

²⁴ Omuzimu omubi obuguruga omu muntu, guraba omu biikaro nambere hatali emaizi nuguse'ra hokuhumura; obugutazora gugamba ngu Kangarukeyo omu nju yange nambere narugire.

²⁵ Kandi obugumara kuija, gugisanga esingolire, etarumu.

²⁶ Kandi gugenda, guleta emizimu ensi musanju, ebihire muno okukira ogu; etaha ikara omu: kandi ebyahanyuma ebyomuntu ogu bikira obubi ebya kara. (Luka 11:24 – 26)

Kihirwe mu katabo k'omwahule Agnes I. Numer *"Full redemption".*

"Yesu atabambwe ha musalaba kukora bukora omulimo kimu ky'akabiri. Akakora omulimo oguhikire, Ruhanga tarukwenda itwe tutunge habwomulimo oguli kimu kyakabiri. Itwe nitwe tukora omulimo kimu kyakabiri. Ngondeze iwe eki okimanye ekitwine kumwikiriza akasingorra enju yaitu yona.

Ruhanga kiro kimu akampa okwolekwakwe kyombeko ekyamaani. Kikaba kyombeko kirungi muno baitu kiragwire, yagamba gunu guli omulingo mwali murumu hali nyowe. Yagamba nkabaihayo nkoku muli hati. Nagenda kubasemeza, nimusisana ekyombeko kinu; kirumu enyamumbubi, bisika ebirukwiragura, biragwire buli kicweka kyona kandi Ruhanga yagamba ningenda kukukora busyaka ningenda kukuhindura.

Rora obuturaba nitumwikiriza akikole – Nitugamba nintugonza kandi ninyija kukwikiriza osemeze enju yange yona – baitu ebisika ebindi bisibirwe! Gunu nigwo omulingo tukuhererezamu Ruhanga baitu tiguli nigwo tusemerire kumuhererezamu. Twine rundi kumukingulirraho kimu enju yona rundi atatwara kicweka kyayo kyona. Kakuba okagura enju yawe baitu owuyali naikaramu nayenda kutwara ¾ byayo?

Ninterekereza eki tikirikugenda kukora, nikyo kimu hamu na Yesu, Titusobara kumuhereza, kumuhereza kimukyakabiri. Twine kwija nomutima gwaitu gwona, nomwoyo gwaitu, nebitekerezo, namaani, nomubiri, nebitekerezo byo mwoyo. Yesu akasasura ibanja eri, emirundi musanju kukirayo busaho muzano – Busaho kyokuzana nakyo. Ruhanga obwasumurra omuntu "nenju" ye esingolirwe neyera. Nibaba nibakoraki enju yabo bagijuza bata? Kandi gugenda guleta emizimu endi musanju, ebihire muno okukira ogu, etaho ikara omu. Kandi ebyahanyuma ebyo muntu ogu bikira obubi ebyakara. Luka 11:26

. . .

Hanyuma y'okusumururwa abantu bahurra bali kwonka kandi babuzire. Omukama omukuru omukikaro eki omubwomeezi bwabo agenzire hati bakoraki?

Binu ebicweeka nibyetagisa kwijuzibwa Ruhanga! Saba Ruhanga aijuze omuntu ogu n'obusingebwe n'okusemererwakwe. Obubaraaba batazairwe ogw'akabiri, beegese eby'okujunwa hanyuma obakaguze obubaraba nibagonza kujunwa. Beebembere harulengo orundi omukurubata na Ruhanga.

Beegese nkoku barakiinga enyigi ezibaakinguliire omunyanzigwa, batemu amaani okugenda mukanisa, nokuterana nabo abahereza obuhereza obwa amani, nokukiza halibo.

Yesu yayemerra yamugambira ati omukazi, balinkaha? Busaho acwire omusango okukusinga? Na uwe yagamba ati busaho muntu, Mukama wange. Yesu yagamba ati nanyowe tindukucwa musango okukusinga, genda, okubanza hati otalisisa obwakabitire.

Yohana 8: 10, 11

Leka twijuke – Omusibe

Ebyokurwanisa baitu:

3 Noobu turaaba tuli omunsi, baiutu titurukurwana nk'ab'ensi. 4 Eby'omurwanisa by'obulemu bwaitu tibiri by'abantu, baitu by'amaani ga Ruhanga agahwerekereza ebigo ebigumire. ⁵ Itwe tumaraho empaka zoona hamu n'ekintu ekindi kyona eky'okwekuliriza ekirukutanga abantu kumanya Ruhanga, kandi tugarra ebiteekerezo byona eby'abantu hali Kristo. ⁶ Inywe obu mulikamara kumworobera, nubwm na nyowe ndyeteekaniza kufubira buli ntahurra yoona.

(2 Abakorinto 10:3-6.)

Araikiriza obwakaiso obwoha?

Ekigambo kya Ruhanga nikigamba ngu nitwija kumanya amazima, kandi amazima galitufwora abobugabe. Amazima nigaruga nkaha? Noija kwikirizaekigambo kya Ruhanga rundi noija kwikiriza eby'enyunyuuzi rundi abafumu? Oraikiriza ebyahaangirwe rundi ogu eyabihaangire? Orayekwata ha buhangwa bwa Ruhanga rundi obwa Adamu?

Noha aikiriza amakuru gaitu? Kandi noha aikiriza ebindumire? Kandi noha asukulirwe omukono gwa MUKAMA? Isaaya 53;1.

Titukusobora kwikara nitwerwanisa itwenka, tuli kunu na kuli, Orutaro runu rwa Ruhanga rundi nitwerwaniirra n'emibiri gyaitu – enteekereza yaitu ey'omunsi hamu n'obuhangwa bwa Adamu. Titurukwija kuba nentekereza ibiri tukongera tukanihira kwikara nobugabe.

Twehooge obusibe;

Sabira habwomwirima kuruga omuntekereza ya abasibe nukwo barole yesu, omutandiki kandi omumaliriza wobwesigwa. Abasiba baine kuhika hali Ruhanga nitusobora okukora ekicweka harutaro baitu omusibe ainekutwara enchwamuwe nukwo asigale wobugabe.

2 Abakorinto 4:1-4

1 Nahabweki itwe abaahairwe obuheereza bunu habw'embabazi za Ruhanga, titurukuterebuka. **2** Tukanga ebirukukwasa ensoni n'ebirukukorwa omu nsereko. Tituli bagobya, tituhindahindura ekigambo kya Ruhanga, baitu amazima tugooleka bbwa, nukwo abantu boona batusiimire omu mitima yabo omumaiso ga Ruhanga. **3** Amakuru gaitu Amarungi noobu garaaba gaswekeriirwe, baitu gaswekeriirwe habw'abo boona abarukuhwerekerra. **4** Nubo abo abatarukwikiriza, habwokuba omukuru w'ensi enu aswekeriire emitima yabo, nukwo abatange kurora omusana ogw'Amakuru Amarungi ag'ekitiinisa kya Kristo, anyakuli kisisani kya Ruhanga.

Kwehooga nikimanyisaki?

Kwehooga nikimanyisa "kulekera" buli kintu buli rujegere rwona omusibeaine, aine okukulekera kandi akarunaga; wegarukemu kandi orubatire haranarwo kiro kimu Yesu akanyoleka omulimo oguroho "Nangwa" otacwa ekiragiro! Hali gwo. Obutuba tuli ba Ruhanga omunyanzigwa nuwe mucu webiragiro mugambire twine kulekera byona ebisuba, obutaha kitinisa obuyaaye nebibi byona ekingura eyingi "ezomucu webiragiro" obutumara okuba ba Ruhanga, tuba nokwikirizibwa okugambira omucu webirangiro entahirizi okugenda kandi atagaruka,

Yesu akakoraki?

Yesu akakoraki obu yatangaine orutaro rw'omwoyo?

Yesu obuyarugire omu iruungu, yasiingura sitaani obu yayaangire kukemebwa akagenda omu yekaaru n'obwakaiso n'okurangiirra okw'omugaso mu bwomeezi.

Tusome kuruga omu Luka 4.

[1] Yesu akaruga ha kisaaru Yorudaani aijwire Mwoyo Ahikiriire. Mwoyo ogu yamutwara omwirungu,

[2] nambere yamazire ebiro makumi ana naayohebwa Sitaani. Omu biro ebi tiyalyaga kantu; obu byahoire, yarumwa enjara.

[3] Nubwo omwohi yamugambiire ati: "Obu oraaba oli Mwana wa Ruhanga, ragira ibaale line lifooke byokulya."

[4] Yesu yamugarukamu ati: "Kikahandiikwa kiti: 'Omuntu taba mwomeezi habw'ebyokulya byonka.' "

⁵ Aho omwohi yamutembya nambere hatungamire muno. Omu kasumi kake yamwoleka obukama bwona obw'omunsi,

⁶ yamugambira ati: "Ndaakuha obusobozi n'ekitiinisa kyabwo kyona; habwokuba bwona nkabuheebwa kandi mbuha weena ou ndukwenda.

⁷ Obu bwona ndaabukuha obu orandamya."

⁸ Yesu yamugarukamu ati: "Kikahandiikwa kiti: 'Oramyege MUKAMA Ruhanga waawe, kandi nuwe oheerezeege wenka!' "

⁹ Omwohi yamutwara Yerusaalemu, yamuta ha kasu k'Enju ya Ruhanga, yamugambira ati: "Obu oraaba oli Mwana wa Ruhanga, ruga hanu oyesimbe hansi;

¹⁰ habwokuba kikahandiikwa kiti: 'Ruhanga alikukwasa bamalaika be'.

¹¹ Kandi kiti: 'Bakukwatirre n'emikono yabo, oleke kuteera ekigere kyawe ha ibaale.' "

¹² Yesu yamugarukamu ati: "Kikahandiikwa kiti: 'Otalyohya MUKAMA Ruhanga waawe.' "

¹³ Omwohi, obu yamazire kumwohya omu miringo egi yoona, yamurugaho okuhikya obu alitunga omwanya ogundi.

¹⁴ Nubwo Yesu yagarukire Galiraaya aijwire amaani ga Mwoyo Ahikiriire. Okurangaanwa kwe kwahika omu kicweka eki kyona.

15 Yayegesa omu masorrokaniro gaabo, boona baamuhaisaniza.

16 Yesu akaija Nazareeti nambere yakuliire, yataaha omu isorrokaniro ha Sabbato, engeso ye nkooku ekaba eri. Yaimuka kusoma,

17 baamuha ekitabu kya Isaaya omurangi. Obu yakisuukwire, yazoora nambere hahandiikirwe hati:

18 "Omwoyo wa MUKAMA ali hali nyowe, habwokuba akanseesaho amagita kutebeza abanaku amakuru amarungi. Akantuma kurangirra okulekerwa kw'abanyankomo. n'abafu b'amaiso nkooku baraahweza, kugarurra obusinge abarukubonabonesibwa,

19 n'okurangirra omwaka MUKAMA aligiirramu embabazi.

Kinu nikyo kigendererwa kyokwija kwa Yesu omunsi:

Nukwo atufwoire bobugabe, nikyo Ruhanga atugondenza ngu tugaruke hali isiitwe.

Oh, kakuba Adam N'eva batarakomerremu okuhuliriza omwho! Oh, ngu nukwo tumanyirre kandi tuleke okuhuliriza, baitu tuhulirize ha muhangi webiintu byona. Twakubaire bobugabe tuta? Kunihira kwamaniki kuruga hali ogu owarora ebyaira byona, ebiroho n'obwomeezi obutahwaho .... oine kucwamu mubwongo bwange, obwomeesi, okufa, obugabe, obugabe, ebitungi rundi ebibi titirukusobora kuba na byona.

. . .

Baitu omuntu wena omuli inywe kakuba oburwa amagezi osabe Ruhanga arukuha boona okutaima kunu tarukuhana. Kandi alihabwa.

Yakobbo 1:5-7

⁵ Omuli inywe obu haraaba haroho anyakubuzirwe amagezi, agasabe Ruhanga anyakugabira abantu boona atarukubalirra kandi atarukweijukya, mazimakwo aligaheebwa.

⁶ Baitu asabe aina okwikiriza kandi atarukugurukyagurukya, habwokuba anyakugurukyagurukya asisana ekigonzi ky'enyanja ekinyakutwarwa kandi ekinyakucundwacundwa omuyaga.

⁷ Anyakugurukyagurukya aleke kuteekereza ngu, omuntu ow'emitima ebiri kandi ow'atagumire omu ngeso ze zoona 6. Baitu asabe omu kwikiriza atarukugurukya gurukya;

Kihirwe mu katabo k'omwahule Agnes I. Numer *"Don't Measure By Yourself".*

Nitubazaho ebyokurwanisa ebyorutaro rwaitu – binu ebyokurwanisa tibiri byomubiri baitu byobusobozi!

Ekiro kimu saaha 3 zanyenkyakara, omuntu akatera harwigi rwange nagamba "sister Number, kinu kya bwango rundi twakubaire nahanu tutaroho" Omusaija n'omukazi bali nibaija munkurato zaitu baitu tutamanye kyamani muno ekirukubakwataho, yamuleta omunda.

Naiha omutabani wange Daudi omukisika eki agende abyame ahandi twafwora ekisika eki ekisika ekyokusumururwamu. Nkaba ntakakoraga ekyokusumurra omubwomeezi bwange! Nkarubata kuruga aheru kwija munda kandi musaija yali ajwahire muno kuruga kutwara omukaziwe omubuli Kanisa yona omu LA bagamba, "genda mumutwale mwirwarro lya abemitwe, titurukusobora kumukonyera, omukazi yagamba, nkabandi omukanisa kandi Ruhanga yagambira mukitekerezo kyange ekyobulyo, kandi yagamba mutwale mwa sister Number kandi naija kumukonyera" Ntamanye ninsobora kumukonyera. Nkatandiika kukisibira, bamuleta akaba arugire mukwetegereza. Nkemerra narorra omwindirisa lyange erikoto, narora ensonzi, ensozi, Narorayo kandi nagamba, "Yesu ningenda kukoraki?" Toine kyona ekyorukugenda kukora? Yagamba, ninyowe" yaruga omwindirisa aho naho mpaka.

Yesu akusumurra omukazi; Kinu ekintu nkaba ntakakihuurraaga omubwomezi bwange bwona. Ekiro kyona yesu akanyegesa idara haidara. Yanseesaho amafuta amaani agali omuli huwe gagwa hali nyowe. Kukaba kutendekwa kwange nikwo manye kukikora – Ruhanga obuyansesireho amafuta hatali obunayenzire kukikora. Tukamusabire habwa akaire akake, hanyuma nakora okugenda okugenda omukisika ekindi, akagonza nyowe mpumule nawe ahumule.

Nkeega byona ebya sitaani, nkeega byona ebyagambirwe kandi n'enokora zaabo. Bakagaamba mbu ibara lyabo nibalyeeta "Ihe". Hati nyowe, Ihe eryo ningeenda kulikorraaki? Nkaba ntaine kintu kyona ekinkaba ninsobora kukora. Ekiro kyona, Yesu omuli nyowe akasumurra omukazi ogu. Bukaba bwire saaha 10:30

ezekiro ebindi byona ebyokumalirra byagenda kuruga omumubirigwe kandi mwoyo wa mukama yaija kandi akazina omunju mu kisikakye ekyobwomeesi, Obugabe!

Obuyali atakatungire okusumururwakwe akaba na siisana omufumu, atamanye nomusaija ayali amuswire nkoku akaba aine emyaka 69 ey'obukuru. Yagamba "onu omusaija noha? Nkugambire musaija wawe akaba huwe aine emyaka 32 Ruhanga obuyamusumurwirre, twatwara omukazi ogu twamuta omumatoka twamuleka yagenda Arizona.

Kinu kiri kimu ha biintu bintu Ruhanga ebyakozire. Kandi nkahurra iraka nirigamba okuruga mwiguru, hati okujunwa kwizire, namaani, n'obukama bwa Ruhanga waitu, nobusobozi bwa Kristowe. Baitu omulegi wa bene baitu akanagwa, orukubalega omu maiso ga Ruhanga waitu nyamusana nekiro.

Mukama nomujuni w'obwomeezi bwaitu, obwomeezi obutahwaho obu bukatandiikira omumitima yaitu omubukama bunu twine obusinge, nokusemererwa – nobuharaba haroho enyokara.

Yesu obuyatwairwe omwoyo wa Mukama omwirungu okwohebwa sitaani ekyokurwanisa ekirukirayo kikaba akabamanyire Ruhanga. Kandi amanyire ekigambo kya Ruhanga. Akakozesa ekigambo kya Ruhanga okusingura Sitaani. Kandi yesu yayanga okukora ekintu kyona ekirukwahukaniza okubaho kwa Ruhanga nkoku tumanya amazima, amazima gatufwora bibugabe.

. . .

Twara obwire kumanya Ruhanga:

Ruhanga, kumanya amazimage kumanya obuhangwabwe, kumumanya omunyanzigwa kandi omunyanzigwa wemyoyo obwiija, ayesereka omukubaho kwa Ruhanga n'okworobera ebiragirobye.

Orutaro rwa Mukama:

Ijuka orutaro rw'omwoyo

TWIJUKE: ORUTARO RW'OMWOYO

1. **Omukuru W'amahe:** Hidi kandi ata Yesu, nayetekaniza wenka habwa orutaro rwo'mwoyo kiri omuli Luka 4?

- Kwetegekera orutaro rw'omyoyo omu Luka 4.
- Kora orutaro rw'omwoyo
- Binga emizimu?

Omu Baibuli kikanhaandikwa nkaha ngu Abeegesibwa n'abantu abandi abasoboire rundi abalemerwe kubiinga emizimu? Ssoborra ekyabaireho.

1. Omurwani:

- Obulemi kiki?
- Orutaro kiki?
- Ekigendererwa kyaitu nikiha?

2. Omunyanzigwa

Ebikaguzo ebyokwengesereza, nokozesa amakuru agali omukwega kunu, notekereza ekyokugarukamu nikiha?

Kakuba omunyanzigwa wa Ruhanga aine eby'okurwanisa yakusisa ineki

Eby'okubanza bakikwijuliza.

Omurwani Yesu:

Entale – Amazima

Ekyahakifuba – Buhikirire

Ebigere – Kwetekaniriza enjiri yobusinge.

Engabu - Kwikiriza

Enkofira - Kujunwa

Empirima y'omwoyo – Kigambo kya Ruhanga.

Omurwani **anti-christ, what is the parallel aimed of anti-christ**

Ebicuncu -

Ebyahakifuba -

Ebigere -

Engabu -

Enkofira -

Empirima y'omwoyo -

Miringoki omunyanzigwa wa Ruhanga asoboramu okukozesa ebisumuruzo kukwata omuntu musibe?

Kusongamungana obwaara

Kuteebereza.

3. Omusibe

Okwecumitiriza ebikaguzo ebyamaani

Enjegere ez'omusibe

Nihabaho entekereza okufwoka ebintu byembaganiza mbere tutalii bobugabe obusibi.

(a)

(b)

(c)

(d)

(e)

Ebikaguzo ebya boona:

Enjegere zitekwamu zita?

Habwaki ziroho? Nisobora zita obutagaruka? Habwaki yesu yagambire genda baitu otalyongera okusisa.

4. Eby'okurwanisa byaitu.

Handiika ebyokurwanisa bitaano kuruga mwebyo byona ebitweegere ha Ritaro rw'omwoyo.

a) Amafuta ga Ruhanga

b)

c)

d)

e)

QUIZ: ORUTARO RW'OMWOYO

Ebikaguzo by'okuteekereza.

Obwosoma ngu nikiruga otalipima habwawe wenka. Kya omwahule Agnes I. Numer, Noihamuki mwebyo byona ebyorabiremu mu rutaro rw'omwoyo?

Ebiraguzo hali orutaro orw'emwoyo.

(1) Orutaro orwomwoyo tikiri kintu ekitukora; baitu kintu Ruhanga arukukora kurabira omuli itwe.

a.

b.

(2) Yesuha ebiyarabiremu nomukuru owihe nibitwegesa ngu.

(a) Nitwija kutangatangana malaika obwire bwona.

(b) Ruhanga tali habwaitu baitu itwe tuli habwe.

(c) omwohi nazoka nka malaika wekyererezi.

(3) Ruhanga aikiriza ebintu ebigumangaine kuba mubwomezi bwaitu habwokutuha amani.

(a) Mazima

(b) Kisuba

(4) Abantu "abarugara", Ababinga emizimu baine kuba nibakora okugonza kwa Ruhanga.

(a) Mazima

(b) Kisuba

(5) Omurutaro rwomwoyo twine kurolerra omunyazigwa.

(a) Mazima

(b) Kisuba

(6) Orutaro orw'omwoyo, okubaho kwa Ruhanga kuli bisumuruzo byawe. Komamu ekisumuruzo ekindi hansi.

(a) Otarubatira omu kuteebereza

(b) Rolerra wena hali omunyanzigwa ekyarukukora.

(c) Werindire omukwikara oineekyorukukora.

(7) Gendera omuli eki Goddoingad ekyarukugamba-Hati bunu kandi.

(a) Kyetegwaki ekyamani omuntu onu ekyarukwetaga?

Quiz: Orutaro Rw'omwoyo

(b)"Ruhanga tusaba tuta omunyikara enu?"

(a) Mazima

(b) Kisuba

c. "Okuragirirwa kwawe nikuha?

d. Byona ebya haiguru.

(8) Twine kwecwera omusango kakuba ebitekerezo ebibi bija omubwaire bworutaro.

a) Mazima

b) Kisuba

(9) Orutaro rwomwoyo nirukorwa obusobozi bya Yesu.

a) Mazima

b) Kisuba

(10. Orutaro kakuba oyehurra omwoyo ogwokwecwamu cwamu twine ku; -

a. Kukusabira

b. Kwikiriza okugonza Ruhanga kugererra hali buli omu.

c. Yanga okukuha omwanya.

d. Byona ebigambirweho.

11. Byona ebyokurwanisa birumu byona kakuba tujwara Yesu Kristo.

a) Mazima

b) Kisuba

12. Obutumara okutunga okusumururwa, omuntu nasobora kwehurra ali kwonka.

(a) Mazima

(b) Kisuba

13. Ebyokurwanisa byomwoyo ebitwine byamaani kuraba muli Ruhanga.

a. Okusesa enkomera ezamaani okuhwerekereza ebitekerezo

b.

c. Niberetereza ebigambo hali abasibe kworobera Ruhanga

d. Byona ebiri haiguru.

14. Okwatura nikimanyisaki?

a. Okubaza nobwegendesereza omubibi 787 nyowe omu.

b. Kutahansi, Kwegarukamu rundi kugenda.

c. Okuraliza okusukwirwe.

15. Yesu akasingura sitaani ha bwokutaikiriza ebyosyo bye.

a. Mazima

b. Kisuba

CHAPTER 5
OKUMARAHO OBUTABANGANGUKO

Ebigendererwa byaitu nibikiraho nokusinga empaka rundi kuzoora anyakuhikire rundi anyakugwiire. Ekigendererwa kyaitu ekikuru nikyo kwikiriza Ruhanga nti okuraba omubutabanguko nihabaho kuhindurwa okwamaani.

Kuhindurwa okwamaani nikimanyisaaki:

Nukwo kuhinduka okwabwango omukikaro rundi n'omu bantu abarukwikara hamu. kukira mu no, ekibaireho bwano, omubwingi rundi okuhinduka okumalire omunyekara yabantu bomerramu, kudikira nikwija bwango kandi kutetegekerwe. Kandi nikutekaho okusisa enkoragana okuhinduka okwamani. Mpinduka zihire omunkoragana yange ekitinisa ekyamani, kwetegereza. Obutabanguko nibusobora okuba omuhanda omurungi hali empinduka hinduka. Otantabanguka yega ngu nukwo tukora kandi

Dora buli katabanguko nk'omugisa:

- Okugumya enkorangana.

- Okwetegerezangana kurungi obu niturubatira omu musana nka aba'Isemu.
- Kweteekamu ekitiinisa itweena…

Omiringo tumaraho obutabanguko.

- <u>Tuli harubaju rumu:</u>

Twara entekereza ngu okizibu kinu tikikugenda kutubaganizamu.

Mwikarre hamu murole nti ekizibu mukitunuulire hamu omumaiso.

Gira entekereza eyabuli muntu. Nyongererize nta hakizibu?

Obuntu nibwoleka nkoku ndi kizibu

Obuntu nibugamba, "nsobeze nganyira"

Koma obwire n'ekiikaro ekyokubalizaamu.

Tikiri kirungi kutabaganya ensoonga obu okyabihiirwe. Twara akasumi obaanze omale kuhora.

Koma ekiro ekirungi, nambere hatali omumaiso ga abaana rundi omubantu abandi abatarukwetagisa.

- **Enkoragana yaitu ningiteekamu ekitiinisa.**

Soboorra omulingo orukuteekamu enkoragan yanyu ekitiinisa kandi noyenda kugonjoora ekizibu. Yoleka ebi byonyini ebyorukwehurra kandi ohulirriziibwe ebibarukwehurra.

Weyoleke ebyo ebibagambire, "leka ndole kakuba ndakyetegereza, nokyetegereza? Rundi nokyehurra..........?

Serra okumanya kwenyini, hatali hakuhuliriza ebigambo byabo baitu ne mitima yabo.

Huliriza kurungi:

Bulikaire, kakuba ohuliriza kurungi noija kutunga omugisa kubaza kandi okahulirwa. Leka bamanye ngu nohuliriza nomubiri engamba yagwo hakugarukamu kwawe.

Kozesa kuhuliriza okukikora, "ninkuhuraa; nintekereza ninyetegereza ekyorukugamba"

Muserre hamu ebyokumaraho.

Nitusobora kuserra hamu ekigarukwamu? Ekigambokye obukiraba kyokugarukamu ekihebwa ekitinisa.

. . .

Ebintu 10 ebikutuyamba kukuza enkoragana ezinyakugumire.

1. Kukiza Ebyaira.

Obutuba tuhutazibwe ekintu kyona omubwire obwenyuma, nomuntu ondi nawe nakora ekirukusisana oyehurra" Twijukiriza ekyenyuma kandi kituletereza okutabuka muno. Ebijukyo byaitu bitalibaniza obwire bwaitu obwa hati.

Otaliganyira kandi okaikiriza Ruhanga kutukiiza n'omwoyogwe. Ruhanga nasobora kukozesa enyikara eya hati kwijuka ebyakuhutaize ebaira. Obuturaba twetegekere kinu kirungi bwire burungi kutangatangana ebyaira, ebyaira ebyahutaize kandi tukamuleka akakiza.

2. Okugonza kwa Ruhanga hatali okw'omuntu:

a. Okungonza okaitu nikugenda hara, Ruhanga okugonzakwe tukuhwaho, kandi tikikwetaga kintu okugonza kwa Ruhanga hatali okusasira kwaitu. Nitusobora kuba abagumire muno abantu, obubaliyo nibenda ekigarukwamu. Kandi bagumire muno abantu obu baliyo nibetaga engonzi n'okugarurwamu amaan. Leka Ruhanga agonze kinu nikitandiika nokwikiriza Ruhanga engonzize okuta omumitima yaitu.

Nitwetaga okusukusrurwa tukarora engonzize ezatugonzamu, okwehurra okwokwangwa nokubingwa okutwine nikwija okugya habandi kandi obu nokuba tikiri kyamazima.

3. **Endagaano z'ebiro byoona:** Ziiba kyokuraganiza kandi kyokuragana.

a. Genda mumaiso ihamu empeta ey'okugaitwa kwawe okwenyuma, zisome nobwegendesereza, yetegereza nkoku empeta mazima. Kiragano………." Rundi buli okufa kutubaganizemu" haroho okumanya ngu nitugenda okukora hamu kurora kinu kyakora.

b. Kwangana tikiri kyokukomamu tikiriba, nobukwakuba okuleta ekigamo ekireka kukireta omubigambo byawe rundi omubwongo bwawe. Otalikikozesa nkekiita, kukira muno obwaikiriza kukuteraniza torukwija kuleka ekintu kyona rundi omuntu weena okukutemuratemura.

4. **Ebikemo bihuka ebirukutulya.**

a. Haroho emirwa embi nebitukwatiramu ebiri bibi ebirikulengesanizibwa endiririzi ensisi.

i) Obwomeezi bwomuntu, obukuba bumazirwe endiririzi zinu. Busaho ekirukusobora omu biri ogu. Obusasi bwingi omubiri gurwaire. Nikyokimu nomubuswere.

ii) Endiririzi ziita, ekitandiika nk'ekitaito nikisobora okukura nikimarraho kimu ekicweka kyona kandi kakuba kitajanjabwa kurungi nikisobora kuletaho okuhwerekerra.

iii) Twine kuleka emirwa yona nebitukwatiramu ebikututinisa hakuhwerekerra.

- Yatura ebyokusisa byawe hali Ruhanga.
- Serrayo omuntu arakukwataga ha mukono.
- Lirirra amaani ga Ruhanga gakuyambe kusingura.
- Otahwaamu amaani hakubaanza. Gumizaamu.

5. Kurubatira omukuganyirwa:

a. Hamu na Ruhanga nitumanya ngu aganyira. Nitusobora okuba nitunanuka obutwebundaza tukatuura ebibi byaitu, nukwo atwikirize, naija kutuganyira kandi atugonza.

b. Obuturubatira omugonzi, turubatira omukuganyirwa. Titucwamu bulikaire kona ganyira bwire binu?" Yesu yagamba musanju. Obutulemera habintu emirundi nyingi aho tuba tutakurubatira omukuganyira.

c. Okusasura kwine kulekerwa Mukama Ruhanga. Otakuhimbira omumikono yawe.

6. Kutamu ekitiinisa, kutiina n'okugonza.

a. Binu ebigambo nibimanyisaki - Kutamu ekitiinisa, kutiina n'okugonza?

b. Abasaija baine kutiinibwa kandi n'okutamu ekitiinisa.

i) Yega kwoleka engeso.

ii) Omukazi aretereza abomukaye bona kutamu ekitinisa rundi kutatamu ekitinisa omusaijawe.

iii) Ekikuru kiri omulingo ogambiramu ekintu kukira ekyogoma.

iv) Komamu kutalibaza kubi kwoona abanywani bawe omubantu abaingi rundi omubanywani abandi oku kandi abafwole bembaganiza,

c. Abakazi baine kugoonzebwa n'okubaroleerra. Nibasisana nka omusiri oguukwetaaga amaizi kandi n'okugurolerra nukwo guzaale ebijuma.

i) Buli mukazi aine nkooku ahuura ekigambo "Ninkugoonza".

ii) Yega omiriingo emirungi eyokugamba "Ninkugoonza".

iii) Muleke ahurre nk'owembaganiza.

iv) Mubazeeho ebirungi mubantu abaingi n'abatoito.

v) Korayo obuuntu oburaamusemeza bulikiro.

7. Muleme kwerubatiirra.

a. Abasaija, mweege kugamba nti "Nsobeze, onganyire."

b. Abakazi, nainywe mweege kugamba nti, "Nkuganyiire" nukwo oikirize ekiganyiro bakusabire. Kandi obworaaba ogaanyiire, otalikireeta mu nkungani eziindi.

8. Abantu mubatwaale nkoku baraaba hatali nkoku bali kiro kinu.

a. Abantu barole nkoku Ruhanga arukubarora. One kuba n'okwkiriza kurora obusobozi nka Ruhanga arukuburora.

b. Leka kutalibaniza. Leka Ruhanga wenka nuwe aleme abantu be. Tali iwe.

9. Garukamu habwo'mwoyo wa Mukama hatali habwokugonza kwomubiri:

a. Obutuliyo nitwega okurubatira mu mwoyo, titurukwija kuhikiriza okwegomba kwomubiri. Haroho obwire obutugonza bugonza kukora kandi "leka babe nakyo" rundi "zimwa ekyererezi "kandi obahe "ekibarukusemerra" ebintu binu byona bija kuba nibituha omumubiri hatali omumwoyogwe okuguha obusobozi kulema orulimi rwaitu nenterekereza.

b. Obutuhuliriza nka mwoyo aho tuba nitwikiriza akoragane nayo wenka.

c. Ekigarukwamu okyorobere kihindura ekiniga; baitu ekigarukwamu ekigumire kimukya ekiniga.

. . .

10. Engonzi ezitali habwekintu yona:

Tiziroho habwekintu, ezamakuru amaingi; zijuire mumutima, owatasomere, tizisigwaho, tizibalirirwa, tizine biragiro, ezitarukubalirirwa, ezitaroho bikaguzo, zoona, yoona zijuire tizikutaburwa, aheru naheru, ezitarukwingwa inganizibwa. Enonzi ezitaroho kintu kyona nizo Ruhanga yayolekere hali itwe nobutwali tukyali abasisi, yesu akatufwera owataine omusango yafwera owaine omusango. Akafwa atarukurrora ha nyikarra ngu egumire, Akahika omukunihira yasobora okutukwataho bukwataho nahindura obwomeezi bwaitu.

a. Obutugonza omuntu nengonzi ezitaroho habwekintu kyona, nitusanga nkoku tutarukusobora kukikora omu maani gaitu. Amaani agokugonza omuntu hatali habwekintu kyona gaija obutunzonzora nkoku twayetagire engonzi ezo ezitaroho kintu kyona. Obutunzonzora eki nkoku yatugondeze muno tutandiika okugonza nkoku yatugondeze.

b. Engonzi ezo ezitaroho kintu kyona nitwihebwa busa, hataroho okusaba okugarulirwa kintu kyona. Kinu nikigenda habuhangwa bwaitu obwomubiri,

c. Amaana agengonzi ezo ezitaroho kyokusaba kyona nizihebebwa busa. Kiri kukomamu okugonza.

d. Okugonza okwomulingo gunu nikuhindura obwomeezi bwabantu boona abakurumu,

e. Nikitwara okwikiriza kugonza hataroho kwenda kintu kyona kandi Ruhanga naija kurora kandi okugarukwamu. Ruhanga naija kwetaho empinduka ezirukwetagwa obuzale nibusasuza. Abantu nibongeraho okusemererwa nokwijuka habwomeezi baitu. Nibutuha amasemererwa maingi nobusalizi. Obuzale kuli kukora na maani, nikitwara kwehayo, nokumanya. Ruhanga atuha mwoyo arukwera kutukonyera obutwetaga embabazi.

Wakahunirraga obwire obumu obuwasabire okugumisiriza okwingi, nembabazi obuyatumire mumulingo ogwembaganiza abantu omubwomeezi bwawe, okukuza ebyetagwa ebi, ebiwali nosabira? Titusobora okugonza abantu abo tutaine, okukonyerakwe. Nahabweki twine okweta haibara. Obwatwongeraho okugumisirizakwe aho nitusobora kwongera okuba bagumisiriza hali buli kintu kyona ekitwehingulirize. Kakuba aba amazire kutuha ekisembokye, biba byaitu. Kunu nukwo tukura kuruga mumbabazi kugya mumbabazi.

2 Petero 1:5 – 7 kandi oihireho kinu, agaba akwetegereza kwona, ayongeraho, hakwikiriza kwawe; hali okugumusiriza, hali oburungi bwawe;

7 kandi na hali obwaruhanga bwawe, 7 kandi hali okutina Ruhanga mwongereho okugonza bene banyu, kandi hali okugonza bene banyu mwongerereho okugonza. Baitu ebigambo ebi obubiraba biri byanyu, kandi nibisaga,

bibafwora okuba abatali bagara, baitu abanyakwana ebyana hali okumanyirakimu Mukama waitu Yesu Kristo.

Ruhanga akuza enkoraye omuli itwe nkoku tuba nitutangatangana abantu abatutera ibanja.

Kunu kugenda mumaiso kuruga mukwikiriza, kwetanga, hali bagenzi baitu abarungi, hali okugonza… okuli kugonza okutali kwekintu kyona kuraba omuli itwe. Nagamba twine kuhayo amagezi gaitu gona nukwo twongerweho enkoraye nahabwomeezi bwaitu. Bambi ikiriza okuralizakwe okukura omu nkoraye nomumbabazize kuraba muntaro n`omubantu abagumire.

.

Obukodyo obwokutangana kurungi:

1. Lengaho okurora oine obwire oburukumara okubazaho ensoonga zaawe zoona.

2. Otatabuka baitu garukamu nohondera omwoyo wa Mukama.

3. Ikara hansonga, huliriza, n'ekitinisa.

4. Otahiiganiza embara ya mutaahi waawe.

5. Otaleeta ebyenyuma

6. Otateeza empaka omuntu abihiirwe, leka babanze bahole.

7. Enkungana mutaikorra mumaiso g'abaana rundi mu bantu abaingi.

8. Haga ekitinisa buli kaire,

9. Muganyire ngana bui kaire.

10. Komamu orutaro rwawe

11. Otaligenda mukitabu kubyaama obu okyaine obusuungu.

Kakuba tumwikiriza, Ruhanga naija kutukonyera kuhindura buli katabanguko kona omubwomeezi bwaitu n`omunkoragana zaitu.

Ijuka okumaraho obutabanguko, Ebikaguzo ebyegerweho, soborra nkoku Ruhanga akora kuraba mubuzale bwaitu nayombeka enkoraye omuli itwe.

TWIJUKE: OKUMARAHO OBUTABANGANGUKO

Ebikaguzo

1. Ruhanga akora ata kukuza embara ye kuraba mu nkoragana ze?
2. Kumaraho obutabanguko nikimanyisaki omubigambo byawe?
3. Soboorra amakuru g'ebigambo binu. Kugonza, Kusiima, Kutiina, Kuha Ekitiinisa.
4. Soborra omu miringo ebiri nkooku orayoleka omusaija nti n'omutamu ekitiinisa nkooku arukyenda.
5. Soborra omu miringo ebiri nkooku orayoleka omukazi nti n'omugonza nkooku arukyenda.
6. Soborra omulingoki ebintu ebyakuhutaize enyuma bisoborramu kutalibaniza hati? Hanyuma tugambireyo ekintu kimu akyakubaireho.

1. Kora ebibiina 2 kandi mukole hamu (rundi babiri babiri) nimugamba nti, "Ninsaba onganyire, Nkusobeze."

Omukibiina kinu, abasaija "nibakora" okwegarukamu kandi abakazi baraikiriza ekiganyiro eki. Kinu kisobora okutaba kurungi hakubanza, eki nikyo habwaki kukora nikyetagwa. Itwena tusisa hali abandi nahabweki twine kuserra omuntu kandi tukamutunga.

1. Bujunanizibwa bwoha okuhindura abantu abatuli haihi?

2. Obujunanizibwa bwaitu nibuha?

Kinu nikisobora kuba nikituha obwire oburungi okwegarukamu habw'okutwara omulimogwa Mukama.

Leka Twijuke.

1. Enyikara eyokuhinduka okwamani eya bantu bomerramu, bakorramu, batekererezamu nebindi neyetwa.

(a) Akatabanguko

(b) Okuhiindurwa okwamaani

(c) Omusisi wekikikugoba

(d) Ekikorwa ekyobuntu.

2. Akatabanguko akabi nugwo muhanda ogwanguhire kuletaho empinduka enungi.

(a) Mazima

(b) Kisuba

3. Obutabanguko nibutwara omuntu hakugonza munda, nokwesiga okukiraho omunkoragana.

(a) Mazima

(b) Kisuba

4. Akatabanguko nikusobora kuba mugisa hali,

(a) Kutunga ekitinisa ekyamaani.

(b) Kusasura Ibaanja ly'enju omu Baanka.

(c) Omuntu kukusasura ebiyali akwohoize

(d) Byona ebyahaiguru.

5. Kakuba ohayo obwire bwingi nohuliriza tolisobora okwihayo ensonga yawe.

(a) Mazima

(b) Kisuba

6. Kumanya ebintu 3 ebyokugenderaho ebisobora kuhamwa enkoragana.

(a) Ikiriza okusasira munda habwogu omuntu owakutahira omutima gwawe.

(b) Leka Ruhanga akukize kuruga munsonga ez'enyuma ezi ezimukirra munsonga ezisyaka.

(c) Yega okugonza nokugonza kwa Ruhanga.

(d) Manyirra emirwa n'ebwoyetamu ebirukusisa enkoragana yawe.

(e) Kuza ebitekerezo byawe ebyokwangwa nokubingwa.

(f) Hurra okwesasira

7. Habugenyi ekintu ekirukukirayo kiri:-

(a) Omugate ogwahabugenyi

(b) Erangi eyebiteteyi

(c) Ebigambo ebigambibwa

(d) Omulingo gw`omulisa owa taha obugenyi.

(8) Obuturubatira omukuganyirwa twine okukomamu buli kaire rundi kugaba rundi nangwa.

(a) Mazima

(b) Kisuba

(9) Abakazi baija kumulikya ebijuma kakuba obasemeza nk'omusiri ogwetaaga kusesirwa amaizi nokufwibwaho.

(a) Mazima

(b) Kisuba

(10) Gumizamu noleta ebikuru kuhika obubirikorwaho.

(a) Mazima

(b) Kisuba

(11) Obuntu butwara abantu omumulingo barumu hati

(a) Mazima

(b) Kisuba

1. Kumamu ebigambo 4 ebikusooborra ha ngonzi ezitali habwekintu kyona.

(a) Ezijuire mumutima

(b) Ekicweka

(c) Ezitaroho kiragiro

(d) Ezitaine bugarukiro

(e) Kugurukyagurukya

(f) Kwekengera

(g) Kwesigiraho

2. Tikiri ego kwanga kandi okatongana.

(a) Mazima

(b) Kisuba

3. Komamu ensonga 4 kutongana kurungi.

(a) Kungana buli kaire

(b) Huliriza nekitinisa

(c) Guma hansonga. Otatunga orubaju okwatirwemu

(d) Leta ebyenyuma

(e) Sesira omuntu

(f) Garukamu – otatabuka

(g) Otatonga kunu obihirwe

(h) Bete amabara agabi

4. Obutungamba rundi obutukora ekintu ekyohutaza, twine kugambaki?

(a) Sitaaani akinkozeseze

(b) Ekicweka kiri habwokulemwa kwawe.

(c) Nganyira, nkasobya

(d) Busaho nakima omuli ebi ebyaihaiguru.

5. Bujunanizibwa bwoha obw'okuhindura mataahi waitu bwooha?

(a) Hibwe omusaija

(b) Hibwe omukazi

(c) Bwabo

(d) Bwa ruhanga

CHAPTER 6
OGU ATAINE IBARA

Ogu Ataine Ibara

8. *Habw'okuzaarwa nk'omuntu, akeebundaaza kandi yaba muhulizi, kuhika ha kufa, nangwa n'okufa okwa ha musaraba.*
9. *Nikyo Ruhanga yamunyumiriize, yamuruka ibara erirukukira agandi goona.*
10. *Nukwo boona abanyakuli omu iguru, n'ab'omunsi, n'ab'okuzimu, obu bahurra ibara lya Yesu, bateeze amaju,*
11. *kandi buli rulimi rwatule Yesu Kristo nkooku ali Mukama, nukwo Ruhanga Ise aheebwe ekitiinisa.*
12. *Habweki, bagenzi bange abagonzibwa, nkooku mwabaire bahulizi kara, na hati nukwo mube, hatali kumpurra obu mba ndoho, baitu mukire kumpurra obu mba ntaroho, mwekambire okujunwa kwanyu nimutina kandi nimutukumira.*

13. *Habwokuba Ruhanga naakorra omuli inywe, naabakoonyera okugonza n'okuhikiriza ebi asiima.*
14. *Mukole ebintu byona mutarukutontorroma kandi mutarukuteera mpaka,*
15. *nukwo mube abataina musango kandi abeezibwe; abaana ba Ruhanga abataina kamogo hagati y'abantu ab'obusinge bunu oburamaire kandi obuhabire aba murukwakiramu nk'enyunyuuzi ezirukwakira ab'omu nsi,*
16. *nimugumiza kimu ebigambo by'obwomeezi. Nukwo ha Kiro kya Kristo nsobole kwenyumiza nkooku ntarairukiire busa, kandi ntaratalibaniire busa.*
17. *Esagama yange noobu eraaba eri y'okuseeswa ha kyonzira ekiruhongwa-nukwo okwikiriza kwanyu kweyongere, baitu ninsemererwa kandi ninkyanganuka hamu na inywe inywena.*
18. *Na inywe nukwo musemererwe muti kandi mukyanganuke hamu na nyowe.*
19. *Ninihira omu MUKAMA Yesu kubatumira bwango Timoteho, nukwo omutima gungwe omu nda mmazire kumanya amakuru g'owaanyu.*
20. *Tinyina ondi weena amwingana mu kutunturra muno obwomeezi bwanyu.*
21. *Abandi boona beeserurra ebyabu, bitali bya Yesu Kristo.*
22. *Baitu omugaso gwa Timoteho mugumanyire,*

habwokuba omu by'Amukuru Amarungi tukaheereza hamu nk'omwana oku arukukoonyera ise.

23. *Nikyo ndukunihirra kumutuma ahonaaho, obu ndakarora ebyange nambere biraagarukira;*
24. *kandi ninyesiga MUKAMA ngu, na nyowe nyenka ndiija oku bwango.*

— ABAFILIPI 2:8-24

I. Akatwarra kimu ekisisani ky'omuntu.

Leka tubaanze turole orukaarra [5]. *"Omwoyo Kristo Yesu ogu akaba ainagwo, nugwo musemeriire kuba nagwo,* [6] *Uwe nobu araaba yasisanaaga Ruhanga, baitu okwingana kwe na Ruhanga atakire kukufaho.* [7] *Akeemaramu ekitiinisa yayefoora mwiru, yazaarwa nk'abantu.* [8] *Habw'okuzaarwa nk'omuntu, akeebundaaza kandi yaba muhulizi, kuhika ha kufa, nangwa n'okufa okwa ha musaraba.*

[9] *Nikyo Ruhanga yamunyumiriize, yamuruka ibara erirukukira agandi goona.* [10] *Nukwo boona abanyakuli omu iguru, n'ab'omunsi, n'ab'okuzimu, obu bahurra ibara lya Yesu, bateeze amaju* [11] *kandi buli rulimi rwatule Yesu Kristo nkooku ali Mukama, nukwo Ruhanga Ise aheebwe ekitiinisa."*

Habwaaki naatugamba binu ebintu? Mu rukaarra rwakasatu nagamba, *"Mutalikora kintu kyona habw'okwegonza rundi okwekuliriza, baitu mwebundaaze, nimumanya abandi nkooku barukubakira oburungi.*

Obwire obumu tutekereza eki tinukwo? Yesu mwana wa Ruhanga kandi nuwe akigumizakimu habwokuba akatwara, enkorwa y'omuntu. Omukisisani kyomuntu" Rundi tikikumanyisa kintu kyona nk'oku yesu yakomere ensisana y'abantu. Kandi tikikumanyisa kintu kyona nkoku yasalizemu ekintu kyona ekyo'mwiguru. Buli kintu kyona ekikaba kiri kocweka kyokubahokwe omwiguru. Akakihayo nukwo abe nk'ebihangirwe binu abiita ebikugenda hansi hanu ebirukwekuma na amaguru abiri. Nkaho, amugezi, nkaho abantu abamaani... Kandi ha hati bali, nibakyatekereza ngu bali haiguru Ruhanga, kandi bafwora Ruhanga baitu akeyihaho ekitinisa.

Kiro kimu nkaba ntatekaine kandi nagambira Mukama, Mukama habwaki otoleka ensi enu enkuru eki ekyali? Habwaki?' Aho yampa Zabuli 78 mbere arukugamba, kandi yahayo amanige hali okusegurwa.

Nekitinisakye omumukono gwomunyanzigwa" Zabuli 78:61 Ruhanga takatwaire kitinisakye kyona kuruga mungaro zabanyanzigwabe. Takalekire amanige omunsi, baitu nagenda kukikora. Nayejujumura saha zinu. Ebintu ebibaire nibigambibwa kandi nibikorwa hali uwe hati... Nayetekaniza kwejujumura nkomuntu anyakubaire omuturo otwamaani kandi nagenda kurwanisa abanyanzigwa omubicweka ebyamaani" kandi obwarakikora, ekintu nikigenda okubaho. Nagenda kutwara amanige kuruga mubusibe kandi ne'kitinisakye kuruga omuli sitaani.

Akatwara ekisisani kya abantu, "baitu akeyihaho ekitinisakye" kandi nkokuyakozirwe omukisisani kyomuntu, akebundaza huwe wenka. Nomanya, busaho muntu murungi owuyakubaire atucungwire omuntu. Nangwa omwana wa Ruhanga nuwe yacungwire, omuntu.

II Nitusobora tuta obutabagana ha kurra amaziga okwa Yesu:

Nitusobora tuta?

Nitusobora tuta obutabagana ha musalaba gwe?

Nitusobora tuta okutabagana hamusalaba, hakurra kwa mukama waitu, ogu ayebundaize wenka? Rundi buli torukumanya kiki ekirukumanyisa, ninkimanya tinakumanyire ekirukumanyisa habwa mukama wabakama kandi mukama owa wabalemi orukwija kandi kwecwamucwamu, okukyenwa, kwangwa, kuhigonizibwa --- buli kintu kyona ekibi ekimanyirwe, –kandi hanyuma yamaliirra ha musalaba. Omuhlize mpaka ha kufa.

. . .

Ningira nitwepanka muno kugira ngu nitusobora kumara gabaza na Ruhanga oihireho kumworobera. Tindikunihira nti haroho omuliingo ogw'ensi kandi kunu Yesu ekyo atakikole. nitusobora kugenda omumulingo gw'ensi, Nitusobora okukikora tuta? Titurukusobora n'obuturaba nituteekereza nitusobora kurabamu hamu nakyo. Habwokuba akeyihaho ekitinisa nukwo afwoke nk'abantu.

Kyakubaire nikituswaza kutekereza omulingo ogundi hatali hagwa Ruhanga.

Ninyijuka ekiro obunaikalire omuka omuli Buhiindi (India) omusigazi akaankaguza ekikaguzo.

"Buli dini yoona nuungi, tinukwo? Kakuba ogikiririzamu? Ekitetegekerwe, kyampikaho.

Mukama yanyimukya kuhika yanyimukya kuhika omunsi yokutahwaho, kikaba kasumi omuntu atakahangirwe. Nkoku nali omunsi etahwaho, nkahurra orubazo hali Ruhanga isitwe na hali omwanawe Yesu. Nkahurra engonzi za Ruhanga aine nabwonu owuyayehaire okufa nayeyihaho ekitinisakye, nayehayo okuba nka bantu −nukwo atwihe omukucwerwa omusango ogwali nigugenda okubaho. Kandi gwali gumazirwe okurangirirwa hakihiririzi kinu, kututwara kuruga omu mukono gwa sitaani kandi atucungule atugarre hali isitwe.

. . .

Nkahurra engonzi ez'omuzaire habw'omwanawe omurungi kandi n'omuhendo ogwarukwija kusasura, bona hamu batandiika kubaza hali ebi ebyarukwija kukora habanu abantu abarukwija kuhanga. Amanyirekimu nkoku omuntu nagenda, kugwa omumikono yasitaani kandi akyenwe ebiro byona ataine Ruhanga.

Kumanya binu byona; Ruhanga akahanga omuntu habwe kwesemeza.

Nitusobora tuta kwanga kiro kinu kandi tukateraniza ensi habwokutusemeza byaitu? Nitusobora tuta itwenka nebintu ebyensi kandi tukatekereza nitukora ebirukusemeza Ruhanga?

Eki nitusobora kukikora tuta? Nitusobora tuta nokutekerezaho ebintu binu? "oine kuba nabinu? "oine ku hakiri – "nituta

Timanyire ekinagambire abantu hameza ha kiro eki, baitu kintu kimu ekinali manyire; Nkabandi omukubaho kwa Mukama owobusobozi, kandi nkaba omukubaho kwomwaanawe kandi nkaba manyire omutima gwa Ruhanga okugwali. Kandi nkaba manyire omutima gwa yesu okugwali kandi nkaba manyire omusara bacwiremu okuhayo kuba na bantu abakwetebwa ebihangwa omunsi ebya Ruhanga yahangire, nomusara ogwomusalaba – n'omusara ogwokuhayo obwomeezibwe okufwoka muntu.

. . .

Akaba ataine kugira, Ruhanga akaba ataine kukutunga, baitu akagonza omuntu owaramugonza kandi akamuhereza hatali ngu habwokuba nabahambiriza kukikora, Hatali ngu habwokuba atekaho enyikara nubwo hatabaho nomu akubaho, baitu habwokuba omwanawe akatugonza, Ruhanga akatugonza muno nukwo yatumire omwanawe okwija omunsi akatufwera. Kandi akatugonza muno yahayo obwomeezibwe hamusalaba habwaitu.

Nahabweki hati habwaki nitwefora baceke? Baceke muno kuhika kutekereza nitutamwihaho ekyokubanza? Nitusobora kukikora tuta?

Kandi natusaba kutwara obwomeezi bunu, kandi akabufwora bwezibwe hali huwe byona ebyasaba nikyo okweyihamu ebintu byona sitaani ebyatekereza omuli itwe, kandi akatwijuza okusemererwakwe, engonzize, obusingebwe, Okuhikirrakwe, nitusobora tuta okubinganiza?

Nitusobora tuta okweyeza omuli ebi ebitugamba nomuli ebi ebitukora?

Nitusobora okutakikora... Nitusobora okutakikora.

III. Kakuba Yesu yaikiraniize?

Okwikiranganiza kintu kibi muno omu maiso ga Ruhanga kakuba yesu yaikirize na Sitaani omwirungu, tihakubaireho okugarurwa kwomuntu buli muntu omuli itwe yakubairwe ahairweyo okugenda omumurro (Gehena) twakubaire tugenzireyo tutatungire okucungurwa kwona kuruga hali mukama.

Kakuba yali aikiranize omwirungu sitaani obuyali nalengaho okumutunga nukwo omumanyirre nkoku yali mwana wa Ruhanga. Ataije omunsi nk'omwana wa Ruhanga. Akatwara ensisana y'omuntu nukwo acungule, omuntu omunyemeraye nkomwana womuntu. Akakomamu, okufwoka nkaitwe, yayeyihaho" ekitinisakye" nukwo asobole okutuleta omukubaho kwa Ruhanga, nukwo asobole kutwara buli kintu kyoona ekirukurwanisa Ruhanga; nukwo afwoke buli kimu omuli itwe. Nitusobora tuta kugenda (1/2) kimu kyakabiri na Ruhanga?

Nitutekereza nitusobora kurabamu tuta? Busaho, Busaho omusara oguyasaswire gukaba gwingi muno.

Tindukumanya nkaba mazire bwireki omunsi eyetahwaho, Obwire bukaba butaloho hakaba haroho okutahwaho. Baitu ekintu kikambaho oku, Kikasisana Ruhanga akantwara hakutandiika Ruhanga obuyahangire ensi, kandi yateka omuntu hansi.

Nkarora binu byona nibibaho, kandi nkakirora nikigaruka hansi kuhika habwire Yesu yafwokere muntu. Nkoku balengereho okumwita nakyazarwa ati aba Falisaayo nab a sadukayo bakalengaho okumwita; sitaani akalengaho okumwita omwirungu. Baitu akaba agendireyo omumaani, kandi yagaruka mumaani Amiina! Amaani agomwoyo agurukwera?

Akasingura okucungurwa kwaitu hamusalaba, baitu akasingura orutaro na Sitaani habwaitu, omwirungu akarwana orutaro runu nkomwana wa Ruhanga Sitaani akalengaho okwosya yesu akugarukamu nkomwana wa Ruhanga, baitu atagarukemu nkomwana wa Ruhanga.

Akakimanya akaija nk'omwana womuntu, kandi aine okugya hamusalaba nkomwana womuntu, hatali nkomwana wa Ruhanga. Akakigarra hansi habwawe nanye, Akakigarra hansi habwawe nanye. Hansi habwa emirembe yobwire bwona.

Omurundi ogundi nkaba ninyetegereza ekikaba nikigenda mumaiso mukikaro eki byona ebyabaireho yesu ali hamusalaba, na hanyuma y'okufwakwe, na hanyuma yokuhumbukakwe. Hanyuma yokuhumbukakwe, endora ekahinduka, ekintu kikabaho hakuhumbukakwe. Yesu akamaliriza eki ise yamusindikire kukora, kikaba okugarra omuntu weena owaraija haliwe hali ise, hali Ruhanga, ebibi byabo biganyirwe kandi obwomeezi bwabo buhindwirwe.

. . .

Obuyahumbukire omubafu, Baibuli negamba abakaiso bakahumbuka nawe, Tinukwo?

Iwe nomanya kiki ekyabaireho abakaiso abo? Tibarukuswaza. Bakatalibanizibwa habwokukora natwara obwire bwingi! Torukuletereza Ruhanga kukora, oku haiguru balindirire iwe nanyowe okuba bakaiso!

Baliyo balindirire omukuru wihe nukwo omuntu nomu atabara narora hansi hanu nagamba "habwaki inywe abaantu mutarukuleka Ruhanga akakora eki ekyarukwetaga kukora, nahabweki, yesu nosobora kwija obundi. Yesu onu omu owuyafwire kandi yahumbuka, Yesu onu omu atuganyira ebyokusisa byaitu, Yesu onu wenyini nagaruka obundi. Kandi kinu nikyo arukugamba…Ruhanga mbere ali nawe aimukibwe. Kandi yamuha ibara, eriri haiguru y'mabara goona; nukwo haibara erya yesu buli kuju kutezibwe. Omu bintu ebyomwiguru, n'omubintu ebyahansi, nukwo nabuli rulimi rwatule ngu yesu kristo nuwe mukama, ekitinisa kya Ruhanga omuzaire ise" Amiina.

IV. Buli muntu aliteeza amaju:

Nitusasurraaki gunu omuhendo nukwo tusebole kwemeerra mumaisoge nukwo atufwole nkoku ali? Nahabweki habwaki twikiraniza? Habwaki twikiriza ebintu byensi enu, kandi omunyanzigwa, kandi nabantu, nebintu kutulemesa kutaho omukikaro omuliwe mbere tulimanya ngu ni kristo omuli itwe? Nitumanya ngu engonzi zinu nizihindurwa obwomeezi bwaitu.

Entekereza emu nkeyayesu yabaire nayo, naija kugituha – nukwo tusobole okukora okugonza kwa isiitwe, kuraba omuli yesu kristo, ogu ayatuferire. Akahumbuka kandi tikinensonga obubalikiriza rundi obubatalikiriza tikinensonga obubaraba abakukora obubi rundi abatarukukora bubi. Tikinensonga mbere barukwemerra omumaiso ga hati – tikinensonga "Buli kuju kwona nikugenda kutezibwa, kandi nabuli rulimi rwona rulyatura ngu yesu kristo nuwe mukama"

Nibagenda kukikorra omukiniga rundi omukunoba kwabo, rundi omukusiiba kwabo okwijwire okwemyoyo yabo, baitu nibagenda kukikora kandi bagenze rundi batagondeze.

Ekiro nikija kandi nibagenda okukirangirra. Nintekereza tikiri hara, habwokuba mukama waitu akasasura omuhendo habwaitu kwijuzibwa n'okwijura kwa Ruhanga – okwijura okukwonyini. Yesu akasasura omuhendo nukwo tusobole kwemerra omumaisoge hakiro kyomusango,

Nobumanzi kwemerra mumaisoge. Hatali habumanzi habwaitu, baitu habwoburungi bwobuntu obwa Yesu kristo. Yemera nobwebundazi, omukubaho okwomwana wa Ruhanga, nubwo tusobole kuba nkoku huwe ali.

. . .

V. Nikiija kumanyisaki hali Yesu:

Nogira nikiija kumanyisaaki hali Yesu, kakuba orora ekitebe ekifwokere nkawe? Nagenda obukikira obukama hali omuzaire. Obukama bunu obwa sitaani yali atwaire kuruga hati Ruhanga, akatekereza asingulirekimu, nangwa, tali, habwokuba kiro kimu mukama waitu Yesu nagamba ija hali nyowe ningonza ogende nanye obundaba ninyoleka obukama ensi enu". **Obukama Yesu obuyalesire munsi:**

Hatali obukama obwensi garuka, kiri hati kukyoleka hali isitwe" notekereza isitwe nagenda kukoraki? Kakuba orora hali itwe kandi akarora hali Yesu? Taturora itwe, aroraYesu. Nukwo eki ekyarukurora hati, kandi akarora yesu natukorra, kandi natubumba obwomeezi bwaaitu nubwo asobole okugamba" garukamu, eka nigenda kuboleka hali ise" Yesu akafwoka mwana w'omuntu yayeyihaho ekitinisakye, nukwo tufwoke baana ba Ruhanga nukwo tweteranize hamu nawe.

Habwaki tugira obwongo? Tutekereza tuta ngu twine obwongo? Habwaki tutekereza twine obwongo kukora kinu hali yesu? Habwaki tugira obwongo kuleta obwomeezibwaitu nibwikiraniza, kandi nekicweeka nibwijura omubi ekicweka nibwijura itwe itwenka naitwenka, mukikaro k'yokubuhayo bwona hali yesu, kandi tukaikiriza yesu kwija omuli itwe? Nintekereza twine kugendera halikyo kandi tukarora nkaha mbere twemerra omulitwe, habwokuba nayenda itwe kwemerre omubwijuire byona obwa ise.

Kukora eki, buli rulimi rwona rwine kwatura ngu yesu nuwe mukama, kuha Ruhanga isiitwe ekitinisa. Ninihira nti kiro kinu, bunu obutumwa nibutaburrakimu emitima yanyu nukwo mutayongerwa okutaburwa omubwomezi bwanyu, kandi kirifwora abakwetorora baitu mukagaruka "Mukaba abakuhayo ekitinisa kyanyu" nka yesu. Nukwo mukyetegereze nkoku yesu yakikozire habwaitu, nukwo tusobole okumutereza amaju, kandi tukamuha ekitinisa. Muhe ekitinisa omuli kintu ekitaito ekyatuha, omubuli kyokunihira, omubuli kintu ekitwine, omukama ekyatuhaire, leka twejujumule okuruga omubintu binu ebindi.

VI : Ekyarukwenda kiri nti tumuhe ebyaitu byona.

Haroho omusigazi owunkaba manyire eyarubasire yaruga ha Ruhanga. Omuntu nasobora ata kurugahali Ruhanga, kandi kunu Ruhanga akozire ebyamaani bingi mubwomeezibwe? Nitusobora kuzana emizaano na Ruhanga, yesu akahayo omuhendo yasasurra kimu.

Okutuha kyona...Ruhanga ekyatwinire, kiri kyaitu hati, kandi kyona ekyasaba kyaitu kiri hali itwe kumuha byona kandi aija kubitwara kandi aija kubituha ebye byona. Akasasura ira omuhendo habwaitu, nukwo kiro kimu twija kwemerra omumaisoge nobugumu kandi tulimanya akatukora nkawe okwali. Kuraba omumusayigwe ogwomuhendo, nomubusobozi obwibaralye.

Ahindwire obwomeezi bwaitu, Ruhanga nagamba, "honga byoona hali yesu noija kutangatangana obutumwa bunu hansi murugudo hantu hona. Okakihurra, kandi Ruhanga nakufwora wobujunanizibwa. Noija kukutangatangana na hansi mumuhanda.

Nkakutamu amani okukitangatangana kitakahikire ekiro kyokucwa omusango, ninihira kiro kinu ocwiremu okuleka yesu abe mubyona ebiri omuli iwe, Ninihira otekere hansi yebigere bya yesu, kandi wamuleka afwoke omukama kandi omulemi obwomwomweezi bwawe.

Mukama Asiimwe!

"... Habwokuba Ruhanga naakorra omuli inywe, naabakoonyera okugonza n'okuhikiriza ebi asiima.
Mukole ebintu byona mutarukutontorroma kandi mutarukuteera mpaka,
nukwo mube abataina musango kandi abeezibwe; abaana ba Ruhanga abataina kamogo hagati y'abantu ab'obusinge bunu oburamaire kandi

obuhabire aba murukwakiramu nk'enyunyuuzi ezirukwakira ab'omu nsi, nimugumiza kimu ebigambo by'obwomeezi.

Nukwo ha Kiro kya Kristo nsobole kwenyumiza nkooku ntarairukiire busa, kandi ntaratalibaniire busa".

— Abafiripi 2:13,15,16

Esaara ey'okumalirra

Isitwe, nitukusiima. Yesu nitukusiima habwokufwoka "ataine kitinisa" wasisana omuntu. Kandi, Mukama, omulemi, nituhunirra habwokwekaguza okaba nofwa ota habwebintu nkabinu. Ruhanga niiwe wenka arukugamba tutukyali "abarukuswara" oihireho omuli yesu. Mukama kiro kinu, leta omwoyo wawe omuli itwe. Leka okwegarukamu okwa mazima kwije omumutima gwa buli omu nukwo kinu ekyererezi ekiri omuli itwe kifwoke ekikwaka muno, nukwo tusobole okurubata tutaine kwikiranganiza n'ebyensi hati bunu. Nukwo ekyererezi kigume nikyeyongera okuhwezuka mpaka ha kiro eki ekihikire. Nitukuha ekitinisa, nitukusiima habwekigambo kinu, nitukusaba Ruhanga waitu, tuleke hakwetegereza ngu busaho kwikiranganiza omuli Ruhanga.

. . .

Kiiri byona mubyona rundi busaho mubyona rundi busaho hati, Mukama Yesu, baza nemitima yaitu hati bunu buli kintu kyona ekitukulengaho kwikiraniza nakyo.

Nitukusaba, yesu tutwale, leka twerole nkoku okuturora nukwo tusobole okwemerra mumaiso gawe, tufwole bobugabe omukyererezi kya Kristo kwolekwa omuli itwe. Nitukusiima, mukama habwekigambo kinu, nitukuha ekitinisa habwakyo, nukwo obwolija nokihiriza, omwibara lyawe lyokuhuniriza nitukisaba, kandi habwekitinisa kyawe Amiina.

TWIJUKE: OGU ATAINE IBARA

Mazima rundi Kisuba

1. Yesu akahayo ekicweka hali eki ekiyali ali omwiguru nukwo afwoke nk'omuntu.

2. Yesu takatwaire kitinisakye kyona okuruga omumukono ogwomunyanzigwa.

3. Omwana wa Ruhanga wenka nuwe yacungwire omuntu.

4. Hati yesu aine obuzale hamu na Isitwe nkoku yafwire atakaizire munsi.

5. Nitusobora kugenda nkomulingo ogwensi.

6. Kituteke mukuswara kutekereza omumuhanda ogundi hatali ogwa Ruhanga.

7. Ruhanga akahanga omuntu habwokumusemeza nobuyali amanyire ngu omuntu naija kugwa mumikono ya sitaani.

8. Ruhanga akegoma omuntu owaramugonza kandi akamuhereza, hatali habwokuba nahambiriza kukikora,

hatali na tekaho enyikara nukwo omuntu wena atarabaho, baitu habwokuba omwanawe akatugonza.

9. Yesu akasingura obulemi ha musalaba.

10. Yesu akamaliriza eki ise ekiyamusindikire okukora hakuhumbukakwe.

11. Abakaiso batulindirire nyowe, naiwe kwikiriza Ruhanga kukora eki ekyayenda kukora omuli itwe.

12. Titusobora okuba n'obwongo bumu yesu obuyabaire nabwo.

13. Buli kuju kwoona nikugenda kutezibwa na buli rulimi nirugenda okwatura ngu Yesu kristo nuwe mukama.

14. Obutulyemera mumaisoge omukiro ekyokucwa omusango, kiriba omuburungi nobuntu bwa Yesu Kristo.

15. Yesu naija kugenda kwoleka ekitebe kya abantu abafwokere nkawe.

16. Akafwoka nkomwana womuntu yayeyihaho ekitinisakye nukwo tufwoke abaana ba Ruhanga.

17. Nitusobora kuzana na bantu baitu tituzana mizano na Ruhanga.

18. Twine ekitangazo ky'okunihira, buli kintu kyona ekitwine, mukama akituhaire.

19. Mubyona eky'arukutusaba nikyo kutwara bunu obwomeezi bunu obwatuhaire.

20. Obutumwa bunu bwine kutukoroga emitima yaitu, kandi butuhindurle "kufwoka nkabakuswazibwa" nka Yesu.

CHAPTER 7
ABALIISA N'ENTAMA

Leka tugende tuterekerire omu kitabu ekirukwera kurora ekitusobora kwega nkoku Ruhanga akunuhira abalisa ahali n'abebembezi rundi abalisa ahali entwaza hali igana.

Leka tusome Ezekyeri 34:

> "Kandi ekigambo kya mukama kaija namberendi, ngu mwana womuntu ragura hali ebyabalisa baisareri, oragule oti agambire Mukama Ruhanga ati, ziri babona abalisa baisareri aberisa bonka? Tikisemerire abalisa okulisa entama? Nimulya ebisajwa nimujwara eboya, ³ Nimwita ez'ebisajwa kunu timulisa entama. ⁴ Eremerwe tumugigarwiremu amaani, kunu timwikirize erwaire, kunu timubohere ehendekere, kunu timugarwire eyabingirwe, kunu timuserwire eyabuzirwe. Baitu muziremere nobulemi obwamaani."

Soma esuura ezihonderanize kandi oijuze omu mwanya omu:

Wachungaji walikuwa wakifanya nini	Mchungaji mwema angefanya nini

Abantu baitu abali omu kurolererwa obubagwa omubanabi munyikiriza zabo, hunirra, bafwoka abasingirwe rundi baleka kwija mukweterana kwaitu twanguha kubacwera omusango rundi kutamirwakimu habwemikorre yabo.

Kinu tinikyo Ruhanga arukwetaga omuli omulisa omurungi,

Soma orukarra 5 kandi osoborre kiki omulisa omurungi ekyaine kukora kakuba entaama ebura".

> [5] *kandi zikararanga, baitu busaho mulisa, zifwoka byokulya hali enyamaiswa zoona ezomukisaka, kandi zararanga,* [6] *Baitu busaho mulisa, zafwoka ebyokulya hali enyamaiswa zoona ezomukisaka kandi zararanga, entama zange zikatabanira omusozi rwona oruraihire. Ego entama zange zikararanga hamaiso gona*

agensi, kunu busaho nomu ayaziserwire nobukwakuba ayazikagulirize.

Ruhanga nagambaki omunkarra ezirukwongeraho ekyarukugya kukora hali abatafwayo nabegondeza abalisa? [7] Nukwo inywe, muhurre ekigambo, kya Mukama, nkokundi omwomeezi, [8] nukwo agambire Mukama Ruhanga, baitu entama zange okufwoka eminyago, nentama zange okufwoka ebyokulya hali enyamaiswa ezomu kisaka, [9] baitu hatabeho mulisa, kunu abalisa bataserre entama zange; nukwo inywe abalisa, [10] muhurre ekigambokye.

Manya nakinu haroho empinduka omu bugambo. Mukiikaro kya Ruhanga kugamba "Igana" natandika kugamba, "Igana Lyange".

[11] Baitu nukwo agambire Mukama Ruhanga ati dora, nyowe nynka, ninyowe ndiserre entama zange, ndizikaguliriza.
[12] Nkomulisa okwasera iganalye ha kiro kyaikara omuntamaze ezirarangire, nukwo ndiserra entama ezange; ndizijuna omubikaro byona nambere zararangire ha kiro kyekibunda.

Kinu nikyo Ruhanga, owali omulisa omurungi, naraganiza kukora ha Iganyalye:

¹³ Kandi ekyomwirima, kandi ndiziha omu mahanga, ndizisoroza niziiha omunsi nyingi, ndizireta omunsi yowazo; ¹⁴ kandi ndizirisa n'obynyansi oburungi, kandi hansozi ezeruguru ya Isareri, nuho haliba isibiko lyazo; nuho ziribyama, agambire Mukama Ruhanga. ¹⁵ Nyowe nyenka dirisa entama zange kandi ndibyamya agambire Mukama Ruhanga. Ndiserra eyabuzire, ndigarra eyahendekere, ndigarramu amaani eyalemerwe, ezebisajwa n'ezamani zona ndizihwerekereza. Ndirisa nomusango ogwobulyo.

Omunkarra ezirukwongeraho harumu bingi ebyakunihiza ebyali nibyolekaho ekicweka omukama Daudi baitu kukira hali Yesu owakuruga omurukarra rwa Daudi omukama.

²³ kandi nditaho halizo omulisa omu nuwealirisa, kandi aliba omulisawazo ²⁴ kandi nyowe Mukama ndiba Ruhanga wabu, nomuwiru wange Daudi aliba omubiito omulibo; ninyowe Mukama nkigambire.

Omu Yohana 10 Yesu nayegambaho nuwe wenka "**Ninyowe omuliisa omurungi**" (ogu) ahayo obwomweezibwe habw'entaama". Akaba nayolekera hali Ezekyeri 34.

Nkoku habaho ebintu ebindi ebigambwa nibisisana. Yesu obuyagambire eki hali abakuru benyikiriza abali nibahuliriza bakafwoka ababihirwe muno bakakoma, bakoma amabale kwita Yesu. Bakaba bamanyire okuruba omuli Ezekyeri kandi baketegereza ngu akaba babolekera hakuba abalisa abatarukufwayo.

Yesu akaba nayetekaniza okuhikiriza okuraganiza kunu kuraba omu mwanawe.

> *⁷ Kandi Yesu yabagarukamu nabagambira ati, ninyowe irembo lyentama. ⁸ Boona abambandize bakaba bali basuma nabanyagi. Baitu entama zitabahurre.*
> *⁹ Ninyowe irembo, omuntu obwataha omuli nyowe alijunwa, alihingura, alituruka, alibona irisizo, ¹⁰ Omusuma ttoija rundi okwiba, nokwita, nokuhwerekereza; nyowe nkaija zibe n'obwomeezi, kandi zibe nabwo omubwijwire.*
> *¹¹ Ninyowe mulisa omurungi, omulisa omurungi ahayo obwomeezibwe habwentama.*
> *¹² Anyakulisiza empera atali mulisa, entama zitali hize wenka, obworora enyamaiswa nija, asiga entama nairuka, kandi enyamaiswa ezisahura ezitalibaniza. ¹³ Airuka baitu wempera, kandi entama taziroho. ¹⁴ Ninyowe mulisa omurungi; kandi nimanya ezange, ¹⁵ n'ezange nizimanya nyowe, nkaisenyowe oku arukumanya nyowe mpayo obwomeezi bwange ha bwentama.*

Yesu nakisoborra kurungi, Tarukubazaho abaana ba Isareri bonka. Obwarukugamba, "Igana lyange" akaija agarre hansi obwomeezi habwa abantu omunsi nikwo basobole pkwija omwisibiko yentama"

Yohana 10:16

> "*kandi nyine entama ezindi ezitali omwisibiko linu; nazo kinsemerire okuzireta, zihurrege iraka lyange: kandi ziriba igana limu; omulisa omu. Isenyome nikyo angonzeza,*
> *17 baitu nyowe mpayo obwomeezi bwange ngaruke mbutwale, busaho abunyihaho, baitu nyowe nyenka mpayo obwomeezi bwange kandi ngaruka mbutwara.*
> Busaho abunyihaho, baitu nyowe nyenka mbuhayo, ninsobora okubuhayo, kandi ninsobora okugaruka okubutwara, ekiragiro eki nka kihebwa hali isenyowe.

Yesu yayeta abegesibwabe niraka limu, "*mpondera*" kandi ya yongeraho, "*kandi ndabafwora basohi babantu. Hanyuma yokufwa kwa Yesu, abegeswa bona bamazire kugenda Petero akaba amazire kumwehooga emirundi 3, Yesu akatunga Petero akaba nasoha, hatali habwa bantu, baitu abensamaaki kandi batakwate kantu. Yesu yazoka hali hibo kandi yahuniriza Petero.*

Soma Yohana 21:15 – 17, soborra yesu akahuniriza ata Petero kandi akamweta kukoraki?

_____

_____

Kinu nikimanyisa ngu Petero aketebwa okuba omulisa? Yesu yali nayeta okuragira okusyaka hali abalisa?

Tekereza habikaguzo binu obwoliyo nosoma, Petero 5:1-4.

Ijuka Petero nawe wenka habwe nahandiika ebaruha enu.

1 Petero 5:1 - 4

> *¹ Nahabweki ninteererra abakuru omuli inywe, nyowe omukuru nyakyabu, kaiso w'okubonesibwa kwa Kristo kandi arukubagana ha kitiinisa ekirukwija kusuukurwa: ² Murolerre igana lya Ruhanga eri mwakwasiibwe, mulirolerre mutarukuhambirizibwa, baitu nimugonza; mutarukukorra empeera, baitu nimuheereza n'omuhimbo. ³ Mutalemesa ireme abo aba murukurolerra, baitu mube kyokurorraho ekirungi hali igana. ⁴ Kandi Omuliisa omukuru obu alizooka, muliheebwa ekondo ey'ekitiinisa etacucuka.*

Petero nayeta abakuru omulibo, "Abakuru bagenzi bange" Ateyimukye wenka baitu omukukora eki akaimukya Kristo nk'omukuru wabalisa na bona hamu nawe wenka nka "owali hansi ya abalisa" kinu ekiragiro ekisyaka" ekyabalisa bali hansi y'okuragirra kwa Ruhanga. Riri iganalye eritukurolerra, yesu akaba narolerra abantu be okuruga okuruga omukono y'abalisa abafalisayo kandi nekiragiro, kandi nabateka omumikono ya abasaija abaijuzibwe amani. Kandi bayemberwa omwoyo arukwera. Leka tusome engeso zabakwenda 20:28

Ebikorwa by'Abatume 20:28. *Hati nu mwerinde inywenka kandi mulinde n'igana lyona Mwoyo Ahikiriire eri yabakwasize kurolerra, muliise ekitebe kya MUKAMA, Ekitebe eki yacungwize esagama ye.*

Paulo akeeta abakuru (*PRESBUETROS*) b'ekanisa yabasoomooza kuba abarolerezi. (*EPISKOPOS*) - (rora orukarra 17).

• "Baine kuba "abaliinzi ba igana.

• Mwoyo arukwera nuwe yabafwoire abakuru, hatali Paulo ebaluhaze leka tumanye ngu Timoseo, Tito na Paulo bakakoma abakuru omu buli kanisa, bakabakoma kandi babatekaniza okuba abakuru.

• Bali baine kulisa ekanisa eya yesu owuyagisasulire nesagamaye.

• Orukarra 31 bali baine "okumanya" habwa "emyaga"

• Orukarra 35 Paulo yabaijukya yesu ebiyali abegeseze "kyomugisa muno okugaba okukira okuhebwa" Paulo nayoleka habwomezibwe nk'ekyokurorraho nkoku yatungiramuga ebyetagwabye n'emirimo eyemikonoye. Atatwale kintu kyabo kyona kuruga omulibo.

Obwebembezi okuba nkobwa Yesu, hatali nkabalisa omu kitabu kya Ezekyeri 34,

... baitu muziremere nobulemi n'amani kiine kuba n'engonzi, yesu yakaguza Petero "nongonza? Akakaguza emirundi nkesaatu nkoku Petero yali agambire omukumwehoga. Yesu yagamba ati omulisa omurungi, ateka hansi obwomezibwe habwentama" **Okugonza nka kunu kwija kuruga hali mwoyo arukwera:** Kuraba muli itwe nosobora kutuha amani kugonza entamaze" Nengonzize kandi okuba nabo kubalinda, kubalisa, kubaha ebyokulya, kubarolerra nokubebembera.

Obuliisa bwa David zabuli 23 nayoka omutimagwe hali Mukama. Obulisabwe oburungi, kuraba omubizibu n'omubusinguzi obwobwomeezi. Mukama abaire mulisa omurungi hali uwe manyirra engonzi za Ruhanga hali uwe omu bulinyikara yona yayongera yafwora Daudi omulisa omurungi hali abantu obuyafwokere omwebembezi wabantu, obutwikiriza Ruhanga kutugonza kandi akatulisa, nitwija naitwe kuba abalisa abengonzi.

Leka tusome Zabuli 23

> [1] Mukama nuwe mulisa wange tindisega.
> [2] Ambyamya omwirisizo eryobunyansi obuto, anyamberera hali amaizi agokuhumura.

³ Anga'ramu amani obwomezi bwange:
Anterekereza omu mihanda eyokuhiki'ra
habwibaralye.
⁴ Ego, nobundiraba omukihanga ekyekiituru
ekyokufa, tinditina kabi kona; baitu iwe oli
nanyowe.
⁵ Ontekaniriza emeza omuu maiso
g'abanyanzigwa bange okansesera amagita
omutwe gwange. Empwahwa yange esagireho.
⁶ Mananukwo embabazi nokuganyira
birankuratiraga ebiro byona. Ndaikaraga omu
nju ya Mukama ebiro byona,

Daudi akahandika kinu "Zabuli y'omuliisa" kwoleka omulisa omurungi ekyalikwo. Saba hati Ruhanga aija kukwijuza omwoyogwe kandi akufwole omulisa omurungi owiganalye habwokuba kiro kimu nitwija kwemerra omumaisoge habwebintu ebitugamba n'ebitukora kandi nankoku twafwireho.

TWIJUKE: ABALIISA N'ENTAMA

Twijuke omulisa n'entaama turoleho ebikaguzo:
Omubigambo byaawe, soborra ebiri haifo ebisangibwa mu 1 Petero 5. Kinu nikiija okutuyamba kwetegereza, omulisa omurungi.

1. Hatali hansi yokuhambirizibwa baitu habwokukonyera,
2. Kugendera hakugonza kwa Ruhanga.
3. Atarukulya amagoba amabi.
4. Hamu nemyaka
5. Hatali kubapakira
6. Mube kwokurorraho ha Igana
7. Tuhanga ekijwaro ekyekitinisa ekirukusihuka.

Ebikaguzo by'okwijuka

1. Omuli Ezekyeri 34 Ruhanga nabaliza nabi ebirukukwata habalisa abali batakuhereza kurungi ntama. Komamu emiringo 6 eyokurora batakole kurungi.

(a) Bakaba niberisa mukikaro kyokulisa entama.

(b) Nibaha abakoto nibaleka entama.

(c) Nibajwara ebyoya

(d) Nibasoroza entama

(e) Tibarukufwaho abarwaire

(f) Kulinda entama

(g) Tibakugarra ezirarangire

(h) Nobugumisiriza kwegesa

(i) igana lyabo kuserra kugonza kwa Ruhanga habw'entama'

(j) Kwebembera

(k) *baitu muziremere n'obulemi n'amani.*

(l) Kuhereza okukizibwa hali abanyigirizibwe.

2 Omu Yohana 10:16 yesu nayanjurra entama ezo nkoku baana baisareri yonka.

(a) Mazima

(b) Kisuba

3 Yesu ouyatangaine Petero nambere yali nasohera amazire kumwehoga, akamukaguza ekikaguzo kimu emirundi 3

(a) Petero "Nongonza?"

(b) Noija Kusoha abantu?

© Noija kwebembera ekanisa yange.

(c) Noija kutunda byona ebyoine nompondera.

4 Yesu akaragira Petero kukoraki emirundi 3 nahondera buli kikaguzo.

(a) Eraniza abegeswa buli kiro kusoha musaaha ezanyamusana

(b) Lisa entama zange

5 Hamu na Petero ekiragiro ekisyaka kikakorwa ekyalinikisisana ekya Yesu kwali kugonza entama nengonzize.

(a) Mazima

(b) Bisuba

6 Dora hali Petero 5:1 - 4 komamu emirundi 6 Petero natererra abebembezi okwebembera "amagana gaabo"

(a) Hatali habwekiraagiro baitu habwokukonyera

(b) Baitu muziremere n'obulemi n'amani

(c) Kuba abakoto nibaleka entama.

(d) Nkokugonza okwa Ruhanga

(e) Atarukulya amagoba amabi,

(f) Akurarangya entama

(g) Kuziretereza okukora n'ekiwakubaire otakozire.

(h) N'okusemererwa.

(i) Hatali kukibalemezesa.

(j) Kuba kyokurorraho ha igana.

(k) Bakwase amaani

(l) Tunga ekijwaro ekyekitinisa ekitasihukire

7 Bisuubizo ki ebiturukusanga omu 1 Petero 5:4 habwa abaliisa abesigwa abakuhondera binu ebigambo ebirungi?

(a) Baine amakanisa agarukukirayo obukooto mu bibuga.

(b) Amakanisa agarukukura bwango muno.

(c) Noija kutunga ekitinisa obwalizoka

(d) Ebya sente zawe nibiija kukura mukyamahano.

CHAPTER 8
KUNIHIRA NUKUKORA NOKUGONZA

Okwikiriza nikukora n'engonzi.

Esara y'okukinguraho.

Isiitwe, nitukukugiza, nitukusiima habwokwikiriza okubaho kwawe, nitukusiima, habwobukuru mukubaho kwawe, nitukusiima habwokuha ekitinisa mukama, kuba muhereza wawe abairubawe okukuhuliriza.

Kiro kinu, Yesu baza nemitima yaitu, yeza emitima yaitu habwekigambo habwaitu nukwo tusobole okuhandika omumitima yaitu nukwo tusobole okutasisa hali iwe. Habwekigambo ekyomire, webale yesu, ha omugisa abantu yesu nobugaiga bwawe. Ayi Ruhanga omanyire buli kyetagwa kyona kandi niwe orukutangatangana ebyetagwa ebi. Nitukusiima mukama yesu, isitwe, nitukusiima habwekigambo kya Ruhanga. Nitukusiima habweki ekyoliyo nokora omubuli mutima gwabuli omubwomeezi bwaitu.

Katutekanize kwija kusindikwa iwe mbere okutukomeramu wenka okugenda.

Nitukusiima iwe yesu, mukama leka ekigambo kinu kibe hali muntu wena omuli itwe okwimukya ibara lyawe nokuha ekitinisa.

1. Nukwo kuraba omu mwoyo linda okunihira kw'obuhikirire n'obwesigwa:

Leka tuhindule hali abagalatiya 5. Nintekereza esuura enu nkuru muno omu buli bwomeezi obwabuli muntu.

Abagalatiya 5:1-26

1. Kristo akatwiha omu bwiru yatuha obugabe; nahabweki mugume, muleke kugaruka omu kikoligo ky'obwiru.

2. Hati nyowe Paulo nimbagambira nti: Kakuba musarwa, Kristo taina eki alisobora kubagasira.

3. Ninyongera kukigumya nti: Weena anyakwikiriza kusarwa, asemeriire kukwata Ebiragiro byona.

. . .

4. Baitu inywe abarukugonza kuhikirizibwa Ebiragiro, nimwebaganiza hali Kristo, mwaruga ha mbabazi ze.

5. Kandi itwe abarukwikiriza, tutegereza kandi tunihira kutunga obuhikiriire oburukuleetwa Mwoyo Ahikiriire.

6. Obu tuba tuli omu Kristo Yesu, okusarwa n'okutasarwa tikwina mugaso. Eky'omugaso nukwo kwikiriza okurukukozesibwa engonzi.

7. Mukaba nimugenda kurungi! Hati nooha ayabatangire kworobera amazima?

8. Okubiihabiihwa oku kutaruge hali ogu ayabeesire, nangwa.

9. Mwijuke ekitumbisa ekike nkooku kirukutumbisa ihyanga lyona.

10. Nimbeesiga omu Mukama nkooku mutarukwija kwikiriza ebindi ebitali byange. Kandi ogu arukubatuntuza, noobu araaba ali ata, baitu alicwerwa omusango.

11. Hati bagenzi bange, kakuba mba ninkyayegesa abantu kusarwa nkooku njunaanwa, habwaki bakyampiiganiza? Baitu *obu kiraaba kiri kiti, enyegesa yange ey'omusaraba gwa Kristo eba etakyali nkonge.*

12. *Nyowe naakugondeze abo abarukubatuntuza beegoole bonka!*

13. *Bagenzi bange, inywe mukateerwa obugabe; kyonka obugabe bwanyu mutabufoora byekwaso by'okukora omubiri ebi gugonza, baitu muherezangane omu ngonzi.*

14. *Ningira Ebiragiro byona bihikirizibwa omu kiragiro ekigamba kiti: "Ogonzeege mutaahi waawe nkooku oyegonza wenka."*

15. *Baitu obu muraaba nimunenangana kandi nimulyangana, mwerinde mutamaranganaho.*

16. *Nyowe nimbagambira nti: Mugendege nimwebemberwa Mwoyo Ahikiire, muleke kutwalirizibwa omubiri ebi gwegomba.*

17. *Ebi omubiri gwegomba birwanisa Mwoyo, kandi Mwoyo ebi agonza birwanisa omubiri. Ebi byombi birwanisangana, nukwo mutasobora kukora ebi mwakugondeze.*

18. *Kakuba mwebemberwa Mwoyo, buli muba mutakyalemwa Biragiro bya Musa.*

. . .

¹⁹· Ebikorwa by'omubiri nibyeyoleka, nibyo binu: obusiihani, eby'obuhemu, orwanju,

²⁰· okuramya abacwezi, oburogo, enkungani obunyanzigwa, ihali, ekiniga, okwegonza, empaka, okweyahuranamu,

²¹· itima, obutamiizi, ebisimba by'obutamiizi, n'ebindi ebirukusisana biti. Nimbahabura nkooku nabahabwire kara, abo abakora ebintu nk'ebi, tibaligweterwa bukama bwa Ruhanga.

²²· Baitu ebirungi ebinyakuzooka omu muntu anyakwina Mwoyo nibyo binu: engonzi, okusemererwa, obusinge, okugumiisiriza, embabazi, oburungi, obwesigwa,

²³· obuculeezi n'okwetanga. Ebintu nk'ebi tibiina kiragiro ekirukubitanga.

²⁴· Abantu ba Kristo Yesu, bakabamba ha musaraba omubiri gwabo n'okwegomba kwagwo okubi, hamu n'amairu gaagwo.

²⁵· Obu turaaba nitwomeezibwa Mwoyo, leka nuwe atwebembere mu byona.

. . .

26. *Baitu tuleke kwekuliriza, kwenderezangana, n'okugirrangana ihali.*

Tikiri kyamaani eki? *"Baitu itwe habw'omwoyo nitutegereza omukwikiriza okunihira okuhikirra".* Abagaltiya 5:5
Hanu haroho ekigambo eki taito. Okatukwata?

Kugonza

Obwire obumu omu lingo twatwalizamuga, twakubaire tutarukumanya ngu nitugonzangana. Nkugiza mukama habwokugonza kwa Ruhanga, Ruhanga nahindura obwomeezi bwaitu habwokuba twine engonzize. Twine nebintu ebindi bingi nabyo omubwomeezi bwaitu ebirukurwanisabengonzize eki tikiri kyamazima? Nahabweki? Kiki ekine kubaho empinduka. Ninkimanya nkomuntu tukaba bakwekengera bwango nukwo obuturaba tuli omumubiri, tube abakwekengera abarukiraho, kandi tukaserra ebizibu twabitunga, nobitunga n'omuli abo abarukukugonza habwokuba

Paulo ekyarukugamba nikyeyoleka omukikaro ekyokubanza. Haroho omuhanda gumu engonzi zaitu zirukugenderamu kukora omuli itwe. Nabazaho, hali "Hataroho kukora" okwikiriza kwaitu tikuli kurungi hali itwe, hati haroho emirimo nyingi omunsi hati biri binu kandi teri ha "bw'okwikiriza" baitu nangwa mazima hatali habwokwikiriza nibakyeta buli kintu kyona kandi tiharoho mwanya gwona ogwo Ruhanga babategekera ekintu kyona.

Beta emirimo yabo "habwokwikiriza" Baitu Ruhanga aine omulingo habwomwoyo ngu nayenda kutwebembera hatali hansi yekiragiro baitu omumbabazi.

Hati nintekereza embabazi nizoroba, Tinukwo? Tizirukusisana ekiragiro obwire obumu tugenda.

Tinukwo tuti, titwinama harubaju rwona? Tuba mumulingo ogurukugamba "gunu mulingo kiri" nokimanya? Baitu embabazi zija zigamba,

Leka tugire okuganyira halikyo" hanyuma twega tihali buli muntu ali harulengo rumu nk'oku tuli.

Nahabweki Ruhanga murungi tatupima itwe omulitwe rundi itwenka naitweka. Atupima n'ekyererezikye turubatira omukyererezi, hatali omukyererezi kyaitu, torukurubatira omukyererezi kyange. Tindukurubatira omukyererezi kyawe. Nindubatira omukyererezi kya Mukama, nakikuha kandi iwe okirubatiremu, haroho ebintu ebindi ebiturukwetaga kukora obutuliyo niturubatira omumwoyo, nahabweki twine kurubatira omu mwoyo. Kandi obwire obumu emibiri yaitu etahamu kandi tubiraganizibwa hanu. Ekirikyomwoyo n'ekitali kyomwoyo. Kakuba tugenda omumitano enu entaito eyetali y'omwoyowe, twine kukimanyirra bwango kandi babakakora ekintu halikyo.

Nagamba obuturaba nitwebembera, mwoyo hansi y'embabazi tituli hansi y'ekiragiro. Twine kwijuka tituli hansi y'ekiragiro rundi buli bagenzi baitu aboojo nabaisiki obubaraba batarukurora ebintu omumulingo gwonyini ogwaitu tukubiroramu. Baitu ijuka tibarukurubatira omukyererezi, tibarukurubatira omukyererezi eki ekyabahaire hati ijuka obutwija hali yesu tumwikiriza kwijaa omubwomeezi bwaitu, kandi tuganyirwa habwebibi byaitu kandi ekintu kija omunda omuli itwe.

Tuli omubukama obusyaka, tituli hansi ye kiragiro baitu habwembabazi kandi embabazi zituswekerra. Twine okwegendesereza ngu titurukulengeho okusika omuntu wena ondi omumulingo tukwenda bagende baitu nitubaleka ha kristo, genda oterekerekerire hamusalaba kandi ogende hali yesu. Omumutima gwawe oine kuba oine encwamu ngu nogenda okubaganizamu itwe n'omubiri gwawe. Niyesu kristo omuli itwe okunihira kwekitinisa. Hatali omuntu ondi nkoku akitekereza baitu ali yesu omuli itwe.

Ruhanga nagamba hali itwe, rubata ogenda kasita oraba nogenda noirra hara ekibi. Torukwija kwikiriza omubiri kulema baitu nogenda mumaiso hali omusalaba nogenda okukiha yesu kandi omalirize noyenda okuba w'obugabe,

Hati nagamba, "otakozesa obugabe habwa okugonza okwomubiri" kandi obwire obumu tukora, baitu Ruhanga abaza naitwe ebirukubikwataho.

II Ekiragiro Ekyomwoyo wobwomeezi omukristo Yesu:

Nagamba kakuba tutebembera omwoyo tuli hansi ekiragiro ekisyaka eki ekiragiro ekitwine habwa mwoyo wa Ruhanga hansi yembabazi haroho ekiragiro ekyobwomeezi omuli kristo yesu kitufwoire bobugabe kuruga omukiragiro nomukufa. Abantu abaina nibakyaikara hansi y'ekiragiro ky'ekibi nomukufa tibayetegereza ngu haroho ekiragiro ekisyaka ekirukukorra omunda omulibo kandi nibetaga okwikiriza yesu okurolerra ebintu ebirukwetaga kukorwa

Tuline ekiragiro ekisyaka omuli itwe kandi ekiragiro eki kiragiro ekyomwoyo owobwomeezi omuli yesu kristo. Hati hamu nekiragiro kinu ekijuma ekirikuruga omunkoragana eyitwine na Yesu.

Ekijuma ekyekiragiro ekyobwomweezi nengonzi za Ruhanga okusemererwa kwa Ruhanga obusingebwe, okubonabona okuraihire, okutekana, oburungi, obwesigwa, okworoba nebindi nkebi hali nkebi busaho kiragiro.

Ijuka ngu, busaho kiragiro halikyo. Haroho ebiraagiro hali emirimo eyomubiri kakuba tugendayo nitukora emirimo ey'omubiri nituba nitusobora kumalirirra omunkomo baitu hatali hamu n'ekiragiro ekyomwoyo ekyomwoyo ekyobwomeezi. Tuli bobugabe kuruga omukiragiro ekyekibi, nokufa. Tituli hansi y'ekiragiro tuliyo oku nitusisa nk'ensi oku ekukora baitu twine okwijuka ngu haroho omuhanda twine kurubata. Twine kurubatira omumwoyo.

Haroho ebintu mukama aine kukora, bingi ebyokusumurra bine kwija hali itwe, eki tikiri kirungi?

Twine kuba abarungi muno abofwoirwe bobugabe kkuruga omukiragiro nomukufa. Hati obutwabatizibwe omu maize, baibuli negamba omuntu owaira azikirwe. Eki tikirukusemeza?

Nkakurra omu Nazareti kandi noyetagisa kurwana nomuntu owaira omubiro byona ebyobwomezi bwawe. Baitu kiro kimu Mukama nanyoleka kyali kitakahikire kyali kya amaani maingi nkoku yakinyolekere. Nkaba nimpereza hali okubatizibwa okwa amaizi kandi hanyuma, mukama yantwara omumwoyo ntarukumanya kyona ekirukukukwataho, Orukurato rukamara esaaha ibiri. Yantwara omukituro kya amaizi hamu nawe kandi yanyoleka kiki ekyorukumanyisa kubatizibwa omu maize hali okufa.

Tutwara omuntu owaira oku; tumusika kandi aba atakyali kicweka kyaitu, aho twetegereza tugaruka ekihangirwe ekisyaka, okuhanga okusyaka ne obwomeesi obusyaka omuli itwe kandi ebintu ebyaira oihireho – ekiragiro kihikirizibwe baitu embabazi zijayo hamu naitwe. Ruhanga nkoku yampaire kintu ekyokurabamu, akantwara hansi, ekitinisa n'okubaho kwa Mukama byaijura enju eyobwomeezi yesu yakantandiika okuskura ekigambokye nkoku kikaba kiri, nkoku kiri hali itwe hati.

Titwine okwehayo hamu nomuntu owaira owekibi, twine kumurugaho n'okubatizibwa okwa amaizi. Omuhe mukama kandi aramuzika hansi oku, norora, titurukusobora kutunga okuganyirwa habwakwo habwokuba tutakukole. Nitusobora okutwara omuntu owaira owekibi kandi nitumuzika. Obujunanizibwa hati bwaitu, titurukusobora kutaho omusango hali omuntu owaira owekibi.

Hanyuma yokubatiza okwa amaizi kakuba haba haroho ebintu omubwomeezi bwaitu, twine kwijuka nkoku bukaba bujunanizibwa bwaitu okubyeyihamu kandi tukabirugirahokimu omuntu owaira. Obuhangwa obwokusisa bufire kandi buzikirwe nahabweki titusobora okumucwera omusango nakati abakristoyo bacwera obuhangwa obwokusisa omusango. Obubakora ekintu ekisobere baitu tikirukukora habwokuba ekigambo nikigamba obuhangwa obwokusisa bufire kandi bwazikwa, kuraba omukubatiza mumaizi kandi hati nokaguzibwa kandi oine okwemerra omumaiso gamukama.

. . .

III. Obu turubatira omu mwoyo aho nituba niturubatira omungonzize:

Ruhanga nagamba hanu nyine endubata ensyaka habwawe, kuli kurubata omu mwoyo. Kakuba oyomera omu mwoyo aha norubatira mumwoyo. Kiki ekibaho hali abantu baingi? Tibetegereza kiki yesu ekyyabakolire. Bagenda nibetorora nibatwara byona binu kandi batekereza baine, habwokuba omuntu owaira aliyo kandi busoho kintu kyona tusobora okukikora.

Baitu kinu tikihikire, taliyo nahabweki twine obujunanizibwa bwokurugamu itwenka; kakuba tutunga abatamizi abobwomeezi obwaira, hakire tubisaleho kandi tugambe "Mukama, tindukubyenda………ningonza okurubatira omumwoyo, ningonza kwomererra omumwoyo, ningonza omwoyo wa Ruhanga okuba n'omuhandagwe omuli nyowe"

Kakuba turubatira omumwoyo, Aho twija kurubatira omukugonza, habwokuba ekijuma kyomwoyogwe kuli kugonza. Nomanya obwaija hali Yesu okwijura engonzi okwohurra? Kwamaani muno nizo engonzi ezo obwogarra obwomeezi bwawe hali uwe aho okusemererwakwe nobusingebwe bukwizira. Oba nobwomeezi obusyaka Oli kihangwa ekisyaka omuli yesu kristo.

. . .

Hati leka turole nkoku tusobora okwanguha muno okuruga omumirimo y'omubiri. Abantu bakora ensobi kandi obundi tibakugambira omulingo bakozire baitu baine kugarukamu hali Ruhanga habwakyo, twine kuba begendereza habwokuba tutalibanizibwa abantu. Itwena nitwega nkoku tukurubatira mumwoyo. Titwine kwetabura n'emirimo eya abantu, twine kuba bobugabe omugonzi za Ruhanga kandi kumanya ngu yesu akatutungira engonzi ezo habwomwoyo nukwo engonzize ezirukwera zigere kandi obe owobugabe. Engonzi za Ruhanga kigarukwamu,

Obwire obundi tuba abataine bwire, twebwa ngu ebyobuhangwa n'emwoyo bine kugererra hamu rundi; tinukwo? Kiki kyonyini hati omunsi ya bakristayo? Tukatunga bingi mu mwoyo, twayebwa ebyobuhangwa; Ruhanga nagamba twine kuleta ebyemyoyo hali ebyobuhangwa nukwo ebyobuhangwa bifwoke byomwoyo, nebyomwoyo bifwoke byobuhangwa. Omuli eki kyonka nitugererra hamu tutakutalibanizangana. Nitugendera hamu habwokuba tuli mumwoyo wa Ruhanga.

Ekirukukira byona nukwo okutwegesa okugererra habwo'mwoyo wa Ruhanga.

Omukama yabaza kinu na nyowe "Kakuba abagambabugamba okusabira ebyokulya n'abantu abarukukitunga, aho Ruhanga nagenda kukora nabo. Nibagenda kumanya, torukwija kubyaama n'akataito habwokuba Ruhanga nagenda okukora nabo.

Amaani ga Ruhanga n'okusemererwakwe nibija kuba nainywe. Nkoku muraba nimusaba habwabo engonzi za Ruhanga nizigenda halibo.

IV. Ruhanga natweeta okutendekebwa omwoyowe:

Tukaba nitwikara omubusumi oburungi, tukaba nitwikara omubwire amahanga gali nigaterena nigaija hali Mukama. Twine okuba abesigwa mukuleta enjiri enu eyobukama bwa Ruhanga hali amahanga ag'ensi. Haliyo amahanga aheru oku aganyakwiine enyegesa eza buli muliingo. Haliyo Abasiraamu, Abahiindu, Ababudha, Abataine diini yoona, kandi tibamanyire Yesu kinu nikyo ekiro Mukama nasesa omwoyogwe. Kinu nikyo ekiro natwegesa okugesa habwo mwoyogwe.

Natwijuza engonzize habwokuba engonzi nizo zirikwija kuhindura obwomeezibwa bantu,

Ruhanga natweta kutendekwa omwoyogwe nukwo obuturagenda aheru oku okugonza kwa Ruhanga nikugenda okubairiza. **Engonzi za Ruhanga, okusemererwakwe, obuhikirire buroho okubairiza nawe haihi ensi neserra okugonza kwa.**

Nyenkyankara enu ninyehurra engonzi zingi. Mukama **naga**mba leka twomere omumwoyo kandi leka turubatire omumwoyo. Natwoleka engonzize, obusingebwe, okusemererwakwe. Obusinge, okugumisiriza, oburungi, embabazi, okwerinda; hali ebirukusisa biti busaho kiragiro. Kinu nkigonza muno, Tibasobora okusiba habwabyo, busaho kiragiro halibyo. Tibasobora kubitwara kuruga hali iwe. Nahabweki rubata omulibyo.

Kyamaani maingi Ruhanga ekyarukukora twine itwena kurubatira mumwoyo. Obwangu twikiriza Ruhanga kututendeka omubintu ebitaito, obwangu arukwija kutuheramu emirimo enkoto eyokukora. Nimanya nitutekereza okuba abetegekere kugenda aheru, baitu tutuli abategekere. Tutekereza tuli rundi twine okuhata ebitulya ebindi rundi okusimura ebalaza zindi rundi kwogya ebidisi ebindi buli kimu kyona Ruhanga ekyarukukora, kyokutendeka. Ekikuru muno kiri kwihamu ebikuru byona kandi tukaikiriza engonzi za Ruhanga omunda omuli itwe. Titurukugenda kuba bobunyanzigwa nabihali hali omuntu mutahiwe, rundi kuba abahutaza nabakulyangana baitu twine okurubatira omungonzize.

Nikisisana buli murundi omukaire, twine kubanekyetago kyokwijuka ngu Yesu atugonza. Baitu engonzi zinu ezatwolekere, ezatuha tiziri zaitu zaki? Kakuba tuzahura tikiri kale kirungi hali itwe.

Twine kukoraki? Kiheyo tukihayo tuta? Kugenda mukanisa buli sande? Nangwa haliyo omurundi gumu kuraba omukubabagenzingana nomuburungi kakuba oine mugenzi wawe aine ekyarukwetaga. Bunu obuhereza bwamaani muno hakyokurorraho kyengonzi za Ruhanga. Hati tutakikole Ruhanga akakikora.

Hati, ebintu ebikuru n'ebyamaani nibibaho kandi twinemu ekicweka omulibyo. Oine ekicweka omulibyo, Ruhanga tarukukweta hanu kuba hanu. Nakweta kukora buli kimu ekyarukwenda kukora, nakweta kukwijuza nengonzize nokuganyirakwe. Kuhindura obwomezibwe nukwo tusobole okuhika aheru oku ahabwetagwa byabandi.

V Tuli hansi eyekiragiro ekihyaaka, ekiragiro ekyengonzi ze:

Tuli hansi y'ekiragiro ekisyaka, ekiragiro ekyengonzi - obwomeezi obusyaka omuli yesu kristo nintekereza nyenkyakara enu nitwetaga okukigumiraho. Obwire obumu tuba ababoherwe omuli itwe itwenka kunu kituhinguraho. Ruhanga nayenda turorre hara kakira omulitwe itwenka naitwenka.

Nomanya sitaani akagamba nanye kiro kimu, "Nogenda kuhereza ota abantu, rora habwomezi bwawe" nagamba.

"Ninkimanya muno sitani" nkaimuka hagatiye kandi nasamba n'ekigere kynge nagamba, sitani, ningenda okworabera Mukama, nigenda kuhereza abantu kandi Ruhanga nagenda kundolerra" atongere kundengaho obundi habwokuba ekintu kimu ekyorukumanya mazimakwo, Ninkimanyisa kandi tarukwija kuntanga, Akamanya ningenda kumuhumuza. Nkatwara obwire kandi namanyisa buli kigambo kyakyo.

Hati nitusobora kucwamu kwikiriza Ruhanga okututendeka kugendera omumwoyo kandi n'omukugonakwe.

Ruhanga aine kutuhikiriza omungonzi ezo habwokuba obutwija haliwe nomutima gwaitu gwona kandi tukamuha obwomeezi bwaitu bwona, ekintu kitubaho. Twija hansi y'ekiragiro ekisyaka. Kiro kimu nkaba ninyegesa kandi omubwango kubanza orukarra oru rwagaruka orwakabiri rwaija hali nyowe kandi nkaba ntakarurorahoga obundi.

1. Nahabweki hati busaho okucwerwa omusango kwona hali abo abali omukristo Yesu, ogu arukurubata hatali habwomubiri baitu habwomwoyo.

2. Habwa ekagiro ek'omwoyo w'obwomeezi omuli Yesu kristo kinfwoire wobugabe kuruga omkiragiro eky'ekibi nokufa. (barumi 8:1-2).

Atufwoire Abobugabe: Kikangurukira bugurukira, hanyuma y'emyaka n'emyaka, ninsoma ekigambo kinu kandi kyankwata hamutima. Nagamba, webale Yesu"

Engonzize omuli itwe obuturukurubatira omu mwoyo w'obwomeezi omuli Yesu Kristo" engonzize omuli itwe. Obutukihayo nituhikiriza ebintu ebyomwoyo.

VI Ensi neija kumanya ebikorwa eby'ekisa kuraba mu bagenzi baitu.

Ruhanga atuhaire muno kandi natutekaniza, nukwo turubatire omumazima, twomererre omumazima, twomererre omumazima, yorobera amazima garakufwora obwobugabe. Kikwinganaha ekitukumwendaho? Kwinganaha ekitukwenda kurubata omumwoyowe?

Nakukusabire osome kinu obworaba oine edakika. Leka kirabe omuliwe, hati tunga encwamu ngu torukwija kurubatira omumubiri baitu nogenda kurubatira omumwoyo? Nukwo mukama akukozese okuhereza engonzize omunsi aheru oku. Kirohokwe, ky'obusobozi kandi nikihuniriza. Twine okwehayo ebyaitu byona haliwe, kakuba tuhayo byona haliwe, natuha byoona ebye itwe. Kiri hali itwe kukugiza mukama habwengonzize, habwobugabirizi obwokuhuniriza obwa Ruhanga atukolire omunda.

Haroro ekyahandikirwe omu Petero 2, ekirukutugambira nkoku arukukora obwomeezibwe kuleta engonzi omubwomeezi bwaitu. Enkora enu etuleta habwa Ruhanga, kandi kuruga habwa Ruhanga hali oburungi obwamugenzingana, kandi kuruga haburungi obwomugenzingana, atuleta hangonzize. Okuhindurwa okwobwomeezi, aligamba "Mukama, habwaki oburungi obwomugenzi womuntu nibugambwaho hanu?

Nagamba, Omukuraba omuburungi obwa mugenzi w'omuntu, ensi nuho honka emanyirra engonzize"

Isaya 58 kuli kwolekebwa kwa Mukama bwa Ruhanga n'engonzize obutuha okusukururwa, kihindura obwomezi bwaitu kuraba omukwolekebwa kunu okwengozi za Ruhanga, obwatuha okusukururwa, kuhindura obwomezi bwaitu kuraba omu kwolekebwa kunu okwengonzize. Abasaija n'abakazi baija hali Ruhanga, tikiri habwekitukora, kiri eki eki ekyakora kuraba omukuhindura okwobwomeezi bwaitu. Naanguhire, ebyarukugamba, ebyoitwenda okole eki rundi nitwija kuleka omubiri gwaitu kwimuka kandi ekasweka? Kakuba twikiriza emibiri ekafwa kandi tukamwikiriza akahindura obwomezi bwaitu aho nitugenda kurora ebintu ebikunihiriza nibibaho. Ruhanga nasukura ebintu ebyamani omubwire bunu kuhindura obwomezi obwabantu abaingi.

Bintu ebyanguhire tibiri bintu ebitumanyire ebitusobora kuba nitutekereza baitu bintu ebitutamanyire.

Biri bintu ebitutakatekerezahoga ebyaruhanga orukukozesa kuhindura obwomeezi. Ebintu ebyanguhire, ebigambo ebyotasobora kutekerezaho, Ruhanga nabireta omumuntu nukwo afwole abandi bobugabe.

VII Naija kusemererwa naiwe n'okuzina ebizina.

Ruhanga owamaani owutuhereza: Mukama Ruhanga waawe ali hagati yawe, owamaani alijuna, alikukyanganukiraho n'okusemererwa, alihumurra omukugonzakwe, alikukyangunukiraho n'okuzina nakiza nokukiza! (Zefaniya 3:17).

Wakugondeze ohurre Mukama nakuzinira? Nkakwatwa awe obunsoma ekyahandikirwe eki kandi nagamba "Ruhanga, noija kunzinira?" Bali nibabazaho okuzinirawe baitu nayenda atuzinire.

Nkaba nyine ebindukurabamu, kyonyini nkaba ninfwa omwirwarro Ruhanga obuyampaire ekyahandikirwe eki, nka abasahu banyimukize Mukama akampa ekyahandikirwe eki, kirungi muno okumanya Ruhanga nakuzinira nakugonza muno habwokuba nomugonza. Habwokuba omworobera. Nakugonza muno nayenda akuzinire akwoleke omanye nkoku akugonza abasahu bakanjanjaba baitu omwohi yaija okutalibaniza, Mukama yampa ekyahandikirwe. Mukama Ruhanga wawe, owamaani alijuna alikukyanganukiraho n'okusemererwa, nokukugiza. Yamperakimu orukarra rwona hatali ekicweka kyarwo, baitu kyona. Nkamanyirra ngu akaba aine amaani hali sitani kandi bukaba butali bwire bwange okugenda, akagarra obwomeezi bwange. Ruhanga nayenda kumwirra haihi nukwo oyoleke engonzize hali itwe. Tutusemerire, baitu titurukugendera habutasemera bwaitu, nitugendera hangonzize.

Esaara ey'okumalirra:

Isitwe, nitukusiima habwengonzi, Yesu nitukusiima habwomwoyo wa Ruhanga, Mukama nitusaba nakiro kinu. Ogalisye enyetegereza yaitu nukwo tusobole okwirraho haihi kandi twikirize iwe oihemu emirimo ey'omubiri omubwomeesi bwaitu. Nitukusiima mukama Yesu otekere engonzi zawe omuli itwe nukwo turubate omulizo, twomere omulizo tugendere omulizo kandi Mukama okuraba omugonzi zawe, abandi basingwire hali iwe nitukuha ekitinisa. Mukama leka emigisa yawe ije hali buli omu kandi buli omu omuli itwe kimuletereze okwegomba okwijuzibwa engonzi zawe, okusasira, obwebundazi, noburungi bwawe.

Nitusaba binu omwibara lya Yesu kandi n'omukitinisa kyawe butumwa kuruga mw'omwahule, Agnes I. Numer.

TWIJUKE: KUNIHIRA NUKUKORA NOKUGONZA

1. Omubugabe Kristo akatufwora abobugabe, "nukwo kandi mutabowa obwakabiri orusengo rwobwiru.

2. Tukafoorwa omu Kristo.

3. kwe tikulihiinduka, nahabweki itwe niitwe twina kuhinduka.

4. Ruhanga aine hab'womwoyowe ekigambo nikigamba ngu tarukwenda okutulindira hansi ye baitu n'embabazi.

5. Obuturubatira omumwoyo ekigambokye nikigamba tutahikirize ebintu ebyo

6. Omumutima gwawe oine kuba n'e ngu noija okwebaganiza iwe wenka kuruga mumubiri.

7. Twine ekiragiro ekisyaka omuli itwe kandi ekiragiro eki, ekyomwoyo wobwomezi omuli

8. Obutwali Baibuli negamba, omuntu waira" azikirwe.

9. Tugaruka ekisyaka ekisyaka nobwomezi obusyaka omuli itwe kandi ebitnu ebikuru bihoireho.

10. Obwoyomererra omu mwoyo aho oba

11. Ruhanga akagamba, twine okuleta ebyomwoyo hali ebyobuhangwa kandi ebyobuhangwa hali

12. Engonzi za Ruhanga nizo zirukugenda ku obwomeezi bw'abantu.

13. Aletereza okugera habwomwoyowe.

Mazima rundi busuba?

14. Engonzi Ruhanga atuha zaitu itwenka.

15. Ruhanga nagonza turolehara.

16. Nkoku turubata omumubiri, tuhikiriza ebintu byomwoyo.

17. Kwoleka obukama bwa Ruhanga ne'ngonzize.

(a) Kusukururwa

(b) Maliko 2

(c) Isaya 58

18. Tikiri eki ekitukora; kiri eki ekyakora kuraba mu ey'obwomeezi bwaitu.

(a) Kucungura

(b) Kuhindura

(c) Kucwa omusango

19. Mukama Ruhanga hagati yaba, naija kujuna, naija kukyanganura akukyanganule n'okusemererwa; naija kuhumura omugonzize, naija kusemererwa n'okuzina" (Zefaniya 3:17)

(a) Amaani

(b) Oburukwera

(c) Obusobozi

20. Natuhindura nukwo tube

(a) Kyererezi

(b) Engeso

(c) Kusemererwa

CHAPTER 9
KUTEEKEREZA

Kanu nuko akaire ak'okucwaamu. Buli muntu aine obugabe kucwaamu ekyarukwenda. Nitukusiima Ruhanga habw'obusobozi n'engonzi zaawe, nitukusiima habwobwinganiza n'okuganyira kwawe, Mukama omurungi. Ninkusiima okuteka omumitima yaitu okutendeka okwoine habwaitu. Mukama nitukusiima n'omanya abakama baine kugenda. Amaani gali omukina gaine kugenda, twine okutera orukarra kusigikirraha kigambo kya Ruhanga ekijwire engonzi n'okusasira Mukama, otulesire hanu okututendeka nukwo tube abawe. Titurukwija okwikiriza omutima omuhambi kutulema omumitima yaitu. Nahabweki mukama, ninkusiima okutwara okulema hali buli mwana, musaija, mukazi nituha ekitinisa habweki. Omwibara eya Yesu erihuniriza Amiina.

Leka tusome Zabuli 4 – 7:

Zabuli 4 – 1 mpurra Mukama obukweta, ayi Ruhanga habw'obuhikirire bwange. Okandekera obunkaba nintuntura; gira embabazi hali nyowe, kandi ohurre okusaba kwange.

Zabuli 4:1

NGARUKAMU *o bunkunga, ai Ruhanga owokuhiki'ra kwange; Okandekera obunkaba nintuntura; Onganyire, ohu're okusaba kwange*

Zabuli 5:1 TEGERE *okutu ebigambo byange, ai MUKAMA, Oteho omutima hali ebitekerezo byange.*

2 Hu'ra iraka eryokukunga kwange, Omukama wange, kandi Ruhanga wange: Baitu ninkusaba iwe.

3 Ayi Mukama, nyenkya orahurraga iraka lyange; nyenkya ndasemezaga okusaba kwange hali iwe, nindora.

Zabuli 6:1, 8-10; AI MUKAMA, *otampana omu kiniga kyawe, Nobukwakuba okunsaliza omu kubihirwa kwawe okwaka. 8 Mundugeho, inywena abarukukora okutahiki'ra; Baitu MUKAMA ahulire iraka eryoku'ra kwange.*

9 MUKAMA ahulire okwesengereza kwange. MUKAMA aliikiriza okusaba kwange. 10 Abanyanzigwa bange bona balikwatwa ensoni, balibihizibwa muno; Baligaruka enyuma, balikwatwa ensoni bwango.

. . .

Zabuli 7:1 *Ayi Mukama Ruhanga wange, niiwe ndukwesiga, ojune hali bona abarukumpiga onkize.*

⁸ Mukama acwera abantu ey'obulyo. Oncwere omusango, Ayi Mukama okuhkirra kwange oku kuli namananu gange okugali.

Kubanza twine kumweta tusaba okutatuleka obutuba mukutuntura, okutuganyira, okutuganyira, kandi n'okuhurra okusab akwaitu. Baitu obutumanyirra ngu ayecwiremu habwobwa Ruhangabwe aho tumanya atuhurra obutusaba.

Okwehayo hali Ruhanga kwine kwija kubanza. Twija nentekereza eyekingwire, Tusaba okuganyirwa habwebibi byaitu, aho tubyatura. Ruhanga ayenda tumanye ngu ahurra esara zaitu obutumweta naija kutugarukamu "aha okutu" hali ebigambo byaitu. Ruhanga amanyirra nkoku tukumugonza; omubwire bwekiro, nitusobora kubaza nawe habitabu byaitu.

Tuhurra abantu abaine kugenda baine kuhayo obwire bwabo bonka. Nomanya Ruhanga kakuba Ruhanga aba ali omuli itwe; toine kugenda hantu hoona ohireho okubaza nawe. Toine kugenda hamulimo nukwo akabaza nawe; noba nomugisa ogwokubaza nawe hakitabu kyawe.

. . .

Ruhanga nagonza tumumanye nayetaga tugire egi enkoragana eyomunda hamu naitwe kandi natugambira kinu omuli zabuli 4. Nomutima gwawe wenka, omukitabu kyawe, naho Mukama abalizayo naitwe omubwire bwa nyenkyakara muno. Atwimukya ha saaha 3 na 4 omunyenkyakara. Kakuba aba ali omuli iwe torukwetagisa, nobaza bubaza nawe kandi naija kukuha ebigarukwamu kandi naija kukwebembera nomwoyowe.

Kiro kimu omwisiki akaija omunju yange kandi yagamba, Mukama agambire nkutwale omunju yange nukwo Ruhanga abaze naiwe. Eki kikaba kisyaka hali nyowe habwokuba mukama abaza nanyowe ndi mwijwarro, ndi omukicumbiro, ndi mukwogya ebintu, mukusimura, mukuhemba omurrro, mukwara ebitabu. Nkaba ntaine hokubanza kugya hona mukama "Timutumire kugenda omunjuye kakuba obaire ogenzireyo omukaye, kandi okararayo ngu nukwo mbaze naiwe, tikyakubaire nyowe habwokuba mbaza naiwe buli hantu hona.

Ijuka, ahurra esara zaitu. Atuganyira ebibi bwaitu kandi atusemeza kuruga omubutahikirra bwona. Kandi kusemererwaki hali okumanya ngu twine obusinge n'okuhumura; Twine kuhayo obwomezi bwaitu hali mukama. Omubwijwire omubwerinzi. Ruhanga atwesire hali obwomezi obwobusinge n'okuhumura; Ruhanga tarukwija kutangatangana ebyatagwa byaitu omubicweka kandi titusobora kwija haliwe omubicweka, twina kwija tuhwerireyo kimu. Ayetaga okwehayo okumalirire.

. . .

Leka nkugambire, kiri nkekine orubaju rumu…. Kiki ekyarukutwara kuruga omu itwe? Natwara ekibi nomwirima; emirwa embi, amarwa, enjahi, nabyona ebyokwaka kwomubiri n'okwepanka kwomubiri. Nakitwara kyona noba wobugabe hati habwaki orora enyuma kandi okaikiriza omunyanzigwa kukusaliza obwongo bwawe mukikaro kyokugamba ndi wobugabe.

Omukazi muto akaija ngu akaba aine abakama n'emwoyo nyingi omubwomezibwe akairuka yagenda hansi omurugudo. Abantu abato bagenda kumujuna habwokuba buli muntu yamukomaga kandi obubi bwali bwingi oku. Abantu abato obubairukaga kumukwata, malaika owaraihire muno ajwaire ebirukwera yamuhambya yamukwata. Bamugwaho bamugarra. Onu omukazi omuto akaba aine okweralikirra hali okusumururwa kandi yacwamu okwiruka obundi. Kaire kanu omusaija omutamizi yamukwata yamutwara omukikaro mbeere emirimo nyingi eyobubi yali negenda omumaiso. Akamwirukaho yaterra abomuka, yakubaire akaitwa bwango baitu twali nitumwegambirra kuruga naruga omunju.

Ruhanga aine omuhanda ogwaawe.

Obu nubwo obusingebwe, okuhikirrakwe, okuganyirakwe, nokukizakwe. Titusobora kuza na Ruhanga rundi n'omubi habwokuba omubi naija kukusika nakimanyisa nakunaga hansi.

Obusinge buruga hali Ruhanga, okusemererwa kuruga hali Ruhanga okugonza kuruga hali Ruhanga natweta hali obuzale oburungi muno. Obwarugambaho omu Zabuli 4 okubaho kwa Ruhanga n'okugonzakwe omuli itwe. Ruhanga nayenda tuteke obwesiigwa omuliwe. Itwena twesiga emibiri yaitu baitu twesiga mukama? Oli owakomerwemu. Kandi Ruhanga akakukomamu okuba 100 ekikumi kyona omuliwe baitu nitumwesiga? Naija kukutendeka asobole okuba 100 ha kikumi muli iwe nukwo osobole owarukurwanisa omubi owensi enu..........

Torukwija okumanya rundi buli otekere obwesigwa bwawe omuliwe. Kandi omulekere akwoleke nkoku ali Ruhanga.

Nitusobora kukora ebintu byaitu kandi Ruhanga tarukukutanga aikiriza obugabe bwawe obwokukomamu. Mukama akanyegesa emyaka 40 enyuma yayeijukya habwebi: na kinu tikirihika agambire Mukama Ruhanga.

7 nukwo yanyolekere ati, kandi dora Mukama akaba ayemerire harubaju orwekisika orwakozirwe nomuguha ogwokulengesa, nomuguha ogwokulengesa guli omungaroze.

8 Kandi Mukama yangambira nti Amosi, oboineki? Nagamba nti omuguha ogwokulengesa. Nubwo Mukama yagamba ati, dora nditaho omuguha ogwokulengesa hagati yabantu bange Isareri, tindigaruka okubahinguraho nakake;

Nkagenda ekiro eki kandi Mukama akampa ekigambo kyabo omwoojo wange yagamba hali omukoziwe,

"Omanyire ekintu kyona hali Mukama?" yagamba, "ntekerezaho Mukama, obumbanimwetaga." Nkatekereza kinu kikaba kyokurorraho ekirukwoleka nkoku takabazahoga na Ruhanga nakati. Nahabweki ekiro eki obuyamazire kugenda, omusaijawe akagenda kuruga omunju obutagarukirakimu. Akabinga omukaziwe kandi yagenda mihandaye kandi yaswera omuntu ondi; obwire obundi enyuma akaba ali omumatooka yatunga obutandwa kandi yamalirra nagenda omukasika akabarwaire abarukujanjabwa mumbaganiza omwirwarro.

Nkagenda kubaza nawe kandi nkaikiriza akaba akozire obusingebwe na Ruhanga atakafwire. Omukaziwe nawe akaba atarukugenda omumulingo Ruhanga yali nagonza, habwokuba akaba ataine okugonza omuli Ruhanga. Rundi buli obuyamwetagaga emyaka 5 enyuma. Omukazi akanyeta omuhagati yobwire bwekiro kandi yagamba ngu omwoojowe akaba nacwanganiza orugudo 3 omunyekyakara kandi ekimotoka kyamutomera kandi yafweraho………. omwojo omuto akaba afwire nka ise. Nkamanya omwojo nakyajwara pampa. Obwakaba ali nkomumyaka 8 eyobukuru yakwataga ekitabu ekirukwera nagenda nagamba, ninyija kuba mutebezi wenjiri. Akagonza Mukama, baitu emyaka ekarabaho hati akaba ahikize 16 yayetaba na baramya sitaani; abanywanibe bona bakaba baramya sitaani; obuyagenzire mukaju kemitumbi, abanywanibe bakabihirwa muno. Twagamba, "nomanya omwoojo onu atakikorre Mukama? Akakora encwamu yayetaba nebisimba, kandi yafwerwa obwomezibwe ataine Ruhanga." Nibagamba "hatali habwabanwani baitu………"
"ego, munywani wawe, habwokuba akakomamu obubi

kukira oburungi." Kikaba kizibu muno. Mubyona ekinatekerezaga.

Nukwo kumusabira abanywanibe abamu bakaba bona bajwaire ebirukwiragura; bakaba batarukusisana abantu. Kikaba kiri kibi muno, nkaba mubyona ninsabira omwana onu omwoojo omuto………..n'ekitabu ekirukwera.

Twine obujunanizibwa kugarra abana okubakuza omumihanda yamukama. Nosobora kuba na Ruhanga omubwomezi bwawe kandi nocwamu kugenda kwirukya obwomeesi bwawe, habwokuba nkoku mazima noyemera, nogenda kutanga okufwa kandi nogenda okubufwerwa, Ruhanga obwatwesire omumihandaye kandi nitukomamu emihanda eyaitu, ……………………….haroho akabi.

Akake akanalimanyire ekiro eki nkoku yahaire ekigambo ngu atekereho hansi omuguha ogwokulengesa, yali atarukwija kugarukamu kugenda omumuhanda ogu.

Kandi nkaba nyineho ebike ebyali nibigenda kubaho eka egi. **Twine okwekomeramu.** Ruhanga tarukwija kukutanga kuruga mumihanda yawe, baitu omumuhanda gwawe gwija kukwiha hali Ruhanga.

Twine kukaguza huwe nitumusaba atwihemu ekintu kyona ekirukuburanganiza okwegombakwen, kandi ateke okugonzakwe omuli itwe. **Kuhikira kimu buli kintu kyona kijuzibwe okugonzakwe.** Kiri hali itwe kukomamu, habwokuba Ruhanga akatufwora obubugabe. Atututahetahamu. Twine okwecweramu.

Nkaba ndi omunsi egi abarukwiragura omukyaro nkarora omusaija musubuzi Ruhanga owuyahaire omugisa baitu yaba muhungu. Akaba atarukumarwa omugisa gwa Ruhanga. Yagambira mukama akaba aine ebyamagoba nabantu abandi. Kandi Ruhanga yamugamba byobunyagi. Atatekereze ngu banywanibe kwonka.

Omusaija onu akatugambira ebigambo ebi kiro kyabbalaza. Mukama yamugamba aruge omunju habwokuba kyamukaga nafwa. Ruhanga yamugamba,"Timalirweho kimu hamu naiwe "Kinu kyali balaza kandi Ruhanga yamugamba kwata ekintu kyona osabe okuganyirwa.

Omusaija omusubuzi onu, akaijuka omukazi oyu owayali amunobere, yagenda kumurora kandi yamugamba "ninyenda onganyire" akamusesira supu erukwokya hamaisoge akahunirra kiki ekyali nayenda kukora. Bwango akamuculeza kandi yamuganyira. Akaba na wiki emu yonka okunjuna obwomezibwe. Ruhanga yagamba ruga "omunju yawe nukwo"kyamukaga akaba ali kurungi hataro kintu kyona ekitahikire, baitu akafa.

Sande nyenkyakara, abekaye bakamuletaha.

Emiriingo tucwamu nizitoleka nambere turukwija kuba omu bwomeezi obutakuhwaaho.

Haroho ebikaro bibiri hokugya. Obunkaba nyine emyaka 16 nkaba nagenda hara na Ruhanga nubwo Ruhanga yantinisize na gehena. Akakingura,"kakuba otampereza oku nuho oligenda.

Baitu tekereza Ruhanga ekyarukwija kutuha mukuhingisa. Mulingoki ogutusobora kwamgiramu engonzize? Nitugonza ekerima omubwomezi bwaitu? Nasobora kutusindika omugehena rundi twetegekere okutusingorra enju yaitu kandi akatwijuza engonzize kuhikira kimu obuhangwa bwaitu bwona bwijuzibwe engozi za Ruhanga. Tindimutebezi womurro gwa gehena baitu manyire gehena nkoku erukusisana. Nimanya omuhendo turukwija kusasura kakuba tutarubata na Ruhanga nomutima gwaitu gwona.

Abantu abatenda kuyamba abanaku, kiro kimu ekitali hara nibagenda kwemerra mumaiso ga Ruhanga. Ruhanga nagenda okubakaguza myoyo enkumi zingaha ezibalesire omu bukama bya Ruhanga. Nagenda nda kukaguza "Nkaba nyine enjara otandise, nkaba nyine iroho otanywise. Nkaba ndi owatamanyirwe otantasyemu, nkaba ndi busa otanjweke, nkaba ndi omurwaire otansule, nkaba ndi omunkomo otaije kundora"Tindukufwayo, tuli baingi tuta, kakuba tutakora ebiragiro bya Ruhanga nitugenda kulifwerwa.

Isaya 58 negamba namani kandi haiguru mukwetegerezibwa kandi Ruhanga nakyetaga hali itwe rundi buli obworaba otarukwenda kukikora baitu kakuba ogonza mukama Ruhanga omumutima gwawe kiri omumutima gwawe okutangatangana ebyetagwa ebyabandi; haroho omuhanda gumu omunsi enu kandi ogu nugwo ogwoburungi obworuganda …. kugonza ngana, kuhereza ngana, kukonyera ngana, kukonyera abanaku, kutangatangana ebyetagwa ebya Yesu yakozire omunjiri. Ebya Yesu yakozire, nayetaga naitwe tubikole.

Twine orukarra oruterekerirre_omuguha ogwokulengesa. Tindukufwayo kurubata omurukarra oru, habwokuba rukarra orwobusinge, kusemererwa n'oburukwera hamu namukama. Twine okwetegereza kunu. Ruhanga nayeta omuntu owaramugonza, akamuzinira, ogu owasemererwamu obutuliyo niturubata kandi nitwiruka omungonzize hali amahanga hali ensi. Ruhanga mulyahurrolye atwinireki ekyatwinire kirungi muno obutuliyo nitweyihamu kyona kandi nitwikiriza atwijuze engonzize.

Omumakuru hali omusaija owebyobusubuzi, ekintu kimu ekyali nikibura omumukazi owu yanagirwe omu gehena kyali akaba ataine okugonza kwa Ruhanga. Eki kiri ekintu kimu kyonka ekyali kiri haliwe. Kakuba okugonza okwensi kuba kuli omuli itwe, aho okugonza okwa isitwe tikuroho. Kabkuba tugonza isitwe, okugonza okwensi tikuli omuli itwe.

Ruhanga nagya kututeraho omuhanda; nukwo tutasobora kukikora habwaitu kandi kakuba tukwekorra nitugenda kukifwerwa kakuba tuha omuhanda Ruhanga, Ruhanga naija kukiterekereza kandi nitutunga obusinge obw'okusemererwa n'obuhikirire. Kirungi muno kuba nayesu omukuru wobwomezi bwaitu nikikira **oburungi okuba nokugonzakwe kandi nekitinisa nobukama nibikorra omuli itwe.** Twine okwekomeramu kukikora kakuba tukoma huwe, twija kuba tuhairwe omugisa ogutahwaho kuruga haliwe kandi twomere omubukamabwe ebiro byona. Kakuba tutamukomatwija kuba abakyenerwe ebiro byona. Tikiri kintu kitaito…Twine kumukomamu. Natugonza, tarukwenda tugye omukikaro mbere sitani arukugya kugenda. Nayenda tugende omukikaro ekiyatukomiremu, tarukwija kutuhambiriza okukikora, oihireho habwengonzize okutwiriza haihi nawe. Engonzize zitusika okumuhondera.

Ningonza kubasigira ebigambo binu, **komamu huwe busaho kintu kyona ekirukuburaho ekyayenda habwaitu kakuba tuba.** Ruhanga atuhaire bingi, kakuba tuhurra eki ekyarukugamba, Titwine okweteraniza nebintu ebindi kandi nikyetegerezibwa kurungi, nikyanguha kandi kyamani, kakuba tukitunga.

Ruhanga naija kukiteka omuli iwe. Kakuba omwikiriza, hiba owarukugonza okurubata omuhanda ogu, ogwobugabe, obusinge, nokusemererwa, okuhikirra noburukwera.

Nitukusiima habw'ekigambo kinu. Yesu nitukusiima hab'wobutagamba kintu kimu okakora kindi Mukama baza n'emitima yaitu. Leka tumanye okugonza kwawe okwamaani, n'obugabirizi nukwo tusobole okutwara enjiri enu eyobukama bwa Yesu Kristo omunsi yona nukwo tusobole kuba kaiso hali amahanga gona. Nukwo iwe mukama ogarrre abantu bawe. Mukama Yesu baza engonzi zawe, okuhumuza namani gawe hali itwe. Mukama leka omwoyo wawe oagere kuraba omuli itwe omubwomeezi bwaitu nukwo tukomemu okurubatira omumwoyo w'obwomeezi obutusobora kwomererrakmu obutahwaho, tusemererwa omubuli kintu otukorra. Nogamba torukwija kuculerra omuntu weena owaine ensoni ogu owuyarugire hali Yesu Kristo rundi kumwehakana. Mukama nitukusiima habwa amazima kandi amazima gatufwora abobugabe. Yesu ninkusiima habwa amatu okuhurra kandi omutima okutunga, kandi omutima okworoba, omwibara lya Yesu Amiina.

Kirugire omubutumwa "omuguha – buli bwire bwokukora encwamu. Itweena twine okukora encwamu kuruga mwa omwahule Agnes I. Numer.

TWIJUKE: KUTEREEKEREZA

Ijuka:

1. Amosi 7: 7…………..nukwo yayolekere ati, kandi dora Mukama akaba ayemerire harubaju rwekisika orwakozirwe nomuguha gwokulengesa, aine------------------------------omungaroze.

8 Mukama yangambira ati, Amos, orozireki? Nti omukguha ogwokulengesa nubwo mukama yagamba ati dora nditaho---hagati ya-------------------------------Isareri:

2. Ruhanga atwesire hali obwomeezi obwobusinge n'okuhumura. Twine okuhayo obwomeezi bwaitu ha--------------------------------------omukumalirra-------------------------------------hali huwe. Nayetaga------------------------------ ----------------------------------- -------

3. Obusinge buruga hali Ruhanga,--------------------------------------kuruga hali Ruhanga-------------------------

--------kuruga haliwe--------------------------------
Ruhanga nayenda tuteke------------------omuliwe.

4. -------------------------------------Kyoleka nkaha mbere turukwija ha-------------------------------------
obutahwaho. Kakuba tukomamu huwe, twija obutahwaho.---Kuhebwa omugisa huwe kandi nitwomera omubukamabwe ebiro byona.
Kakuba tutakomamu huwe, twija kubonabona ebiro byona.

(a) Mazima

(b) Bisuba

5. Ruhanga naija kututamu eki kakuba----------------------
--------------huwe ba --------------------------kurubata omuhanda ogwo---------------------------------------
obusinge n'okusemererwa-----------------------------------
--------------n'oburukwera.

6. Haroho omuhanda ---------------------------------,
kandi ogu nugwo og'womugenzi womuntu----------------
---------------------, kungonzagana,-----------------------
------------kukonyera abanaku, kutangatangana aba--------
---Yesu akahayo h'abwaitu omuli-------------------------------
nukwo omuheyo Yesu--------------------huwe-------------
-----------naitwe tukole.

CHAPTER 10
OKUGAMBAHO OKWOLEKA

Okubaho kwo kuramya:

Omwebembezi omuramya obwayahukaniza omutima gwa Ruhanga kandi akamuramya. Ruhanga aleta abantube hali okubahokwe.

Obututaha omukubaho kwa Mukama kuraba mukuramya obwomeezi bwaitu buhinduka. Tugenda omukubahokwe tuleka byona ebyokutweralikiriza, ebiturukutukwataho, ebituragirwe, tutunurra hali Ruhanga wenka. Tumanyirra obukuru bw a Ruhanga, engonzize, kandi kiki ekyali. Kiri omukikaro kinu mbere ruhanga arukubaliza nemitima yaitu.

Hanu haroho ebyokurorraho:

• Oxfam ensi etarumu bunaku (ebigambo 5)

• Hokwikara habwa abantu: ensi mbere buli omu aine ekikaro ekirungiho kwikara.

N.P.R na Net work yayo habwayo okuba omu hali ebicweka, mumatendekero gebyamakuru bugwizoba

Okwolekwa kwensi: habwa buli mwana wena, obwomeesi omukwijura kwabo; okusaba kwaitu, habwamitima yona okugonza kukihikiriza (19).

- Hamu nobuhereza, kurangirra enjiri ya Yesu Kristo hali abantu omwihanga lyona omunsi (14).

Ekigendererwa: eki ekyokora; orukarra rumu orukorwa rusoborra ensonga habwaki entekaniza entegeka enu ebaho. Nikiyamba kuhabura encwamu ezirukukwata habigonzibwe, ebikorwa, nobujunanizibwa hanu haroho ebyokurorraho ebimu.

TED: Okubangana ebihanuro (ebigambo 2).

Smithonion Okukanya busaho kuburangana hamu namagezi

Kwomera oliwamani, okuyamba nokumanyirra abantu abarwaire cancer amaizi agengonzi; kiri kitongole ekitarukusasurwa, ekirukweta amaizi amarungi habantu abali omubikaro ebirukukurakurana (14).

Intourch ministries; kwebembera abantu omunsi okugifwora eyerukukura omunkoragana hamu na Yesu Kristo nokutamu amaani ekanisa ezomubyaro. Okwoleka kwa Ruhanga obwire bwona kwetegerezibwa kandi kusobororwa kandi yabaza n'abaisareri. Ruhanga akakora endagano na Abraham, "ninyija kuba Ruhanga wawe kandi noija kuba omuntu wange" Ruhanga yarangirra nkoku arukwija kuba n'omuntu omunsi owarukwija okwoleka okukugizakwe.

Haroho ebintu bisatu ebikuru ebiyaraganize omundagano yakozirwe nabraham na baijukuru.

1. Okunihiza Itaka (Kubanza) 12:1

Kandi Mukama akagambira Ibrahim ati ruga omunsi yowanyu, kandi omuruganda omunju yaso otahe omunsi eyindakwoleka. Ruhanga aketa abrahimu kuruga oku kugya munsi eyiyamunihize kumuha (Kubanza 12:1) okunihiza kunu n'ikwolekwa omu Kubanza 13:14 – 18 mbere kirukugumibwa endagano ey'enkaito; ebicweka byakyo biri omu Kubanza 15:14 – 18 – 21 rora na ekyebiragiro 30:1 – 10, endagano yomupalestini.

2. Okunihiza (Kubanza 12:2) Ruhanga akaraganiza Abraham ati oija kukora Ihanga erikoto kuruga omuliwe. Abraham ogu owuyali aine emyaka 75 kandi ataine mwana (Kubanza 12:4,) akaraganizibwa abantu baingi.
Omukubanza 17:6 amahanga na bakama. Omuruzarorwe, nomukama owaraganizibwe aija kuruga omuruzarorwe.

3. Okunihiza kwomugisa n'obusyaka. (Kubanza 12:2) Ruhanga akaraganiza kuha omugisa Ibrahim n'ekaye omunsi, kuraba omuliwe okuraganiza kunu nokusanga omu ndagana ensyaka. (Yeremiya 31:31 CP Abahebraniya 8:6 – 13) kandi kine kukorwa nemigisa, n'okuhindurwa kwa'abaisareri; Yeremiya 31:31 – 34; neyoleka okuganyira kwekibi. Kurorra hali (Kubanza 21:12,26: 3-4) nikigumibwa hali Yakobo (Kubanza 28:14 – 15).

Ekiro nikija Isareri nkihanga obulirikwija kuhinduka, kandi rikatunga okuganyirwa kwa Ruhanga (Zakaliya 12:10 – 14) kiri kuraba mwihanga Isirayeri Ruhanga akaraganiza omu Kubanza 12:1 – 3 kuha omugisa amahanga agensi. Omugisa ogwomunda nigwija kurugirra omukuganyirwa kwe'ebibi byabo kandi omukama owobukama obwekitinisa nalema hansi.

Yesu akatandiika omulimogwe, atakatandikire obuherezabwe, amazire okubatizibwa Yesu akagenda omwirungi okwohebwa sitaani obuyarugireyo alimusinguzi, akemerra omwisorokaniro kandi yasoma orukarra runu: -

Luke 4:18" omwoyo ogwa Mukama guli hali nyowe, baitu akansesaho amagita okutebeza abasege ebigambo ebirungi; akantuma okutebeza okulekerwa hali abanyankomo, nokwigura amaiso gabafu bamaiso, okulekerwa abasasanguirwe...

Ekiroto kya Ruhanga hali ekanisa kiri, kya buli muntu owabuli Ihanga, buli rulimi kuhurra enjiri kandi akafwoka omugole wa Kristo. Ekigendererwa kyaitu kyolelerwe kurungi kituhairwe Yesu wenyini kuraba mu Matayo 25. Tebeza, batiza kandi somesa abantu omumahanga gona.

. . .

Yabagambira ati mugende omunsi zona, mutebeze enjiri abahangirwe byona" Marako 16:15 ESV.

Mugende muhindule, amahanga gona abegeswa, nimubabatiza omwibara lya Isitwe n'eryamwana n'eryamwoyo ogurukwera Matayo 28:19 (ESV).

Obumu bwekiroto:

Kimu habizibu kiri ngu haroho ebiroto bingi ebyembaganiza omuli abeteraine. Hati rora ebyokurorraho hansi.

Ekiroto kya Ruhanga:

Ekigendererwa kya Ruhanga ayesire abeteraine hamu, aine entegeka, ekigendererwa nekiroto ekiri kicweka kyentegeka yomuhangi.

Ekiroto Kyabalisa: Omulisa obwahurra kuruga hali mwoyo arukwera naija kuba n'entekereza eya Ruhanga aine ha bwabo abeteraine.

Omwebembezi aine entekerezaze rundi okutendeka n'engederwahoye.

Ekiroto kya abantu:

Bona abeteraine hamu na abakuru baine akiroto, nibasobora kuba bamanyire ebyabaireho n'okukira abalisa.

Kandi nibasobora kuba nokwetaga okubagana hamu omukiroto.

Banu abantu nibasobora kuba baine ekisisani kuruga omubalisa babo abakuru n'omuli ebi ebibakurabamu.

Abantu abandi nibesisana rundi tibarukusisana abantu abandi basobora kuba batungire enyegesa eyaira eyerukusobora kusisa ekiroto kyabo habwa ekanisa yabo.

Ekiroto ekirukwetegerezibwa nikyongera amani obumu. Ekiroto ekibaganwa ekirukwetegerezibwa kiha amani kandi ha abantu amani agokweyongera mumaiso. Nibagamba leka tugende hamu kiha nokuha abantu ekigendererwanomuli ebi ebibakora habwokuba bali kicweka ekyomugaso omuli eki ekirukugenda mumaiso hantu. Ekiroto ekirukusisana nikigamba nitukorra hamu kuhika hakigendererwa ekirukusisana. Nitwetangana!

Kuleta ekitebe hali ekiroto ekyobumu, kakuba okora ekiroto ekikusobororroka, hali eki Ruhanga arukwenda kuleta omubuhereza bwawe, nosobora ota okubagana ekiroto kinu kandi okaletara abantu obumu obwekigendererwa.

Ijuka abantu bulikaire banga empinduka, kozesa amadara agahonderaine kukuyamba kuleta okuterana kwawe hali obumu obwekiroto:

1. Wetekanize mukusaba serra kandi omanye ekiroto kya Ruhanga.

2. Tandikaho okukoragana obwesigwa hamu nabebembezi nukwo basobole okuteka omu kiroto kyawe.

3. Musabe hamu, serra Ruhanga mubazeho ekiroto hamu.

4. Kakuba kiba nikisoboka genda habebembezi bawe musabire ekiroto.

5. Tekaniza ebigendererwa ebyomubwire obugufu n'ebigendererwa ebyomubwire oburaihire.

Kakuba ebigendererwa byawe ebikuru mubwembembezi bwawe bibagana ekiroto ekirukusisana............ hati nibuba bwire bwo: -

- Kweta orukurato

- Kuba "nokukebera kwonyini" mukumanyirra nkaha mbere tuli hati bunu? Mananukwo.

- Bizibuki ebitukutangatangana ninkahakwo mbere tukugenda? Nitumanya omugaso gwaitu?

- Bagana ekiroto, nabuli omu kifwole kyomusana. Gamba "Hanu nuho turugya, abembembezi abakuru, wikirize Ruhanga natwebembera"

- Abebembezi abakuru bona bali bamu; baikalire hamu kandi nabakuru nibabagana mukusagika "ekiroto kyaitu".

- Kubaza kuli miring ebiri eyebikaro kandi twine kwikiriza kutamu abantu abarukuhurra ngu okutamu kwabo kugumire baija kuhayo ebyabo ebirukukira oburungi nukwo bahikirise ekiroto.

- Kigarukemu, kigarukemu kigarukemu, kikuru okuguma nimutamu amaani hali omugaso ge'ekiroto.

- Kozesa Slogan kandi muruke amabara muteke ekiroto omu bullet ha byapa nabuli kimu ekihikire. Musabe hamu ha bw'akuhika ha milestone nahabyetago.

- Jaguza habwa ibale eritekwa hamuhanda habwokupimakandogumizemuenthusiasm.

- Ijuka okugamba "webale" buli kasumi omulimo gurole kurungi nosiima.

Hanu haroho ebiroto ebimu ebirukwoleka ha kiroto, nukwo Ruhanga owamahe agambire ati mutahurra ebigambo bya abanabi ababaragura, nibabaijuza ebinihizo ebitaliyo. Babaza ebiroto ebyomumwongo bwabo, hatali kuruga omukanwa ka Ruhanga.

Yeremiya 23:16 ESV nambere hataroho okwolekwa, abantu baleke okweyigaliriza baitu ogu arukwenda ebiragiro.

Enfumo 29:18 ESV

Baitu okwolekwa kwikaire habwakasumi akatairweho, kandi nikurahuka empero, tukulibiha; nobukuli ba nikwikaraho. Habakuki 2:3 ESV.

Kandi omukama yangarukamu nagamba ati handiika okwoleka, okwoleke kurungi habibali, anyakusoma airuke nakwo. Habakuki 2:2 ESV.

Baitu manyire ebiitekerezo ebindukutekereza nambere muli agambire mukama, bitekerezo ebyobusinge, kunu tibiri byakabi, okubiha okunihira hamper yanyu eyahanyuma.

Yeremiya 29: 11 ESV mazimakwo, Mukama Ruhanga talikora kigambo kyoona rundi buli amazire kukisukurra ensitaze hali abairubi banabi.

Omubuhereza n'omubyentasya twine kuba nokusukururwa okurukwetegerezibwa, kandi twine okumanya "noha ali omubitukora" owarukwija kutuha obumu obugumireho bwekigendererwa.

TWIJUKE: OKUGAMBAHO OKWOLEKA

1. Okugambaho okwolekwa nikwoleka kurungi ekigendererwa ekyokubanza.

(a) Mazima

(b) Kisuba

2. Okugambaho okwoleka kwine kuba hakasonseke akakusumurra obuhereza bwawe.

(a) Mazima

(b) Kisuba

3. Okugambaho okwolekwa kyoleka obuhereza bwawe eki kyonyini ekibukora.

(a) Mazima

(b) Kisuba

3. Ninyija kuba Ruhanga wanyu nainywe nimuba bantu bange Ruhanga nagambira mukwolekwa kwoha?

(a) Daudi

(b) Nuuha

(c) Yesu

(d) Abarumu

4. Yesu nayoleka emirimoye eyerukusangwa mukitabuki?

(a) Yohana 17:17

(b) Luka 4

(c) Zabuli 23

(d) Kusukururwa 20:10

5. Kwolekwaki okwa Ruhanga hali ekanisa?

(a) Okusingura ensi yoona ekaba ya Ruhanga.

(b) Abantu kuruga buli hantu hona kutunga omugisa kuhurra enjiri n'okufwoka bagole ba Kristo.

(c) Ngu abantube bona bafwoke basinguzi kandi abali kurungi.

6. Omulimo Ruhanga yatuhaire gwali gwoku:

(a) Kutebeza, kubatiza no kwegesa amahanga goona.

(b) Kusoma n'obwegendereza, ekigambokye buli kiro.

(c) Kwomera obwomeezi obubaganizibwe kandi bwasemezibwa hali uwe.

7. Abantu omubeteraine nibasobora kuba n'okwolekwa kwabo habwekanisa yabo.

(a) Mazima

(b) Bisuba

8. Okwolekwa okwetegerezibwe nukuletaho.

(a) Embeho enungi nambere abantu basobora kukorra.

(b) Obumu bwekigendererwa.

(c) Omulingo og'womugaso abali omukuterana hamu.

(d) Byoona ebigambirweho.

9. Kuletaho okusorrokana okwobumu hali ekigendererwa, omulisa aine kumanaya okwolekwa kwe ekanisa.

(a) Mazima

(b) Kisuba

CHAPTER 11
KUKUGIZA N'OKURAMYA

Tutakatandikire omusomo gunu, ijuka emisingi orupapura 1 – Ruhanga noha?

Kuzina okutarumu mafuta ga Ruhanga:

"Kiri kintu ekijwire okutina ekiturukwihamu, "kukugiza n'okuramya" amazina agaletaho enjara habwokuzina okwamani kuramya kwine kwebembera hali enziha hali Ruhanga n'ekigambokye. Nka abebembezi abaramya nitutwara omugisa ngu abantu abaingi basobora rundi tibasobora kugonza okuzina Ruhangaakubalizamu kurabira omuli itwe………….baitu kyomugaso kukiraho kusemeza Ruhanga. Nitumanya ekikaro omubi mbere yali akaba aine kuleta okukugiza hali Ruhanga, hakitebe. Twine kuba tuta begendesereza kurora titwaba abalemerirwe nkoku yabaire kandi tikaserurra busa kukugiza habwaitu itwenka?

Omundagano enkuru arukwera wa barukwera akaserekwa aveli Obwire obumu bwonka buli muntu yali naikirizibwa kutahamu gwali murundi gumu omu mwaka ha kiro ekirukwera yom pippur.

Omusomesa owahaiguru wenka nuwe yatahamuga naahayo ekyonzira kyesagama kandi nikyokebwa hali mumaiso gentebe y'owembabazi.

Hati nkabazini nitubarwa nkabasomesa.

Habwaki twenda okutaha omwa arukwera wabarukwera? Ekikaro kyabasomesa kikaba obulemi obwobugweterane Omusomesa yahayoga obwomeesi bwona nahereza Ruhanga kandi nahayo ebyonzira habwokusaba okuganyirwa habwabantube. Abasomesa abamu bali nibo bakukirayo obi mwihanga, mukikaro kyakurra habwebibi bayetabaga mukibi nka abazini. Leka tulinde emitima yaitu nukwo tuhimbe okubaho kwa Ruhanga hali abantube nukwo twije omukubahokwe okwokukiza, kugarra busyaka nokuganyira okwebibi.

Leka tukugize kandi turamye n'omutima ogusemezibwe tutarukuswara n'okuswaza Ruhanga.

Abasomesa batakagenzire omumaiso ga arukwera wabarukwera, ayesemeza wenka. Ayesorora harubaju asaba Mukama okumwogyaho ebibibye kandi akaihwaho ekintu kyona ekirukujumisa Ruhanga.

Okwezibwa kutumanyisa hali Ruhanga, ogu owabaganizibwe omunsi enu. Omusomesa ajwara ekijwaro ekirungi ekine erangi eyekumasamasa, eya Blue, eyakakobe, neya scarlet Leka turole okuramya okwomusomesa mumaiso ga Ruhanga.

Omuramya noha?

Omuramya nogu owarukuzinira mumaiso. Nabantu aba abatukuzinira nabo nibaija kuramya Ruhanga.

Okwebembera Omukuramya:

Nkomukuramya omwebembezi tumanyirra omutima gwa Ruhanga aleta abantube hali akubahokwe kandi ateka emitima yaitu hansi omukukwatwaho.

Nkoku okuramya kututwara hali okugaruka hali Ruhanga kandi nengonzi zaitu hali Ruhanga. Zoleka okuramya kwaitu titusobora kwesisaniza, obukodyo bwaitu nibusereka tuli tuta hansi munkoragana yaitu na Ruhanga. Nikihikirakimu kusanga ngu nitwoleka okuramya.

(Omwoyo, Ebiteekerezo, Obusobozi, nkoku ndukwehuurra)

Nukwo basobole kwomera okwebiro byona, kuleta ekibi n'ebya baruhanga. Kwegomba okuba abagole ba Kristo hatali kuguma abegeswa. Baitu emitima yabo esukurwe okutunga ebisigaire byona ebyokusoma ekigambo, ekigambo kya Ruhanga kurabira mumulisa rundi obuhereza oburukwija kuhebwa kuhebwa hanyuma yekizina kyekisomo.

Nkoku tukomamu kuramya, Ruhanga atuha amani kuraba omubuli kintu kyona. Ijuka Mukama nazina munkomo? Kandi obubali bamazire okumutera emigo nyingi, babanaga omunkomo, nibabajuna the jailor okubalinda kurungi 24 ogu obuyaragirwe ati, yabacumanga omunju y'enkomo, nibaragira omulinzi okubalinda muno, yabata ebigere byabo omunju yenkomo. 25 baitu ekiro omwitumbi, Paulo na sira bakaba nibasaba, nibazinira Ruhanga ebiziina kandi abyankomo bakahurra. Engeso zabakwenda 16:23 – 25.

Omuntu akozirwe n'omwoyo, Spirit n'omubiri, emyoyo yaitu ekozirwe obwongo, kugonza, nebitekerezo ebyemyoyo yaitu kuruga hali Ruhanga kandi kusanizibwa hali Ruhanga. Omubiri gwaitu nuho twomerra, kinu kituyamba tumanya nkoku turamya.

Haroho emiringo nyingi eyebikaro hali okukugiza nokuramya.munsi eyomwoyo.

Okuzina nikusobora okurubasa abantu hali kwecanga.

Kuzina amaraka "kugwa omungonzi, "kuba nokwegonza, kuba n'okusemererwa. Okuzina okurukukira obwingi nikwolekebwa omuli ensi eyomwoyoEkigendererwa kyakwo nukwo okusemeza. Baitu amazina ganu nigaletera emitima yaitu kugya mukubahokwa Ruhanga?

Okubaho kw'okukugiza

Okukugiza kunu kutandika n'okuhereza omutima gw'omuntu. Kuzina kunu kuletereza omutima kurora hali Ruhanga hatali hamuntu huwe. Omwoyo wa Ruhanga atandika okurubata omumitima yabantu, nosobora okuletaho okukizibwa, okuserurwa n'ebisembo ebindi ebyomwoyo.

Mukugize Mukama muzinire Mukama ekizina ekihyaka, n'okukugizibwakwe omwisorolezo lya abarukwera.

2 Isirayeri ekyanganukire ogu ayamukozire. Abana ba sayuni bakyanganukire Mukama wabo 3 bakugize Mukama wabo nibatera enyege 4 baitu Mukama nasemererwa abantube, alisemeza abaculezi n, okujunwa. 5 abarukwera bakyanganukire ekitinisa.

Omwanya ogw'okuramya (Realm of worship):

Kakuba abebembezi bokuramya bamanyirra omutima gwa Ruhanga kandi bakamuramya, Ruhanga aleta abantube okuba omukubahokwe.

Kandi obtutaha omukubahokwe twangirra ebyokutinisa, ebitikukwatibwaho, nebituragirwe kukora, tutunurra hali Ruhanga wenka. Tumanyirra oburungi bwa Mukama, engonzize, nakiki ekiyali. Nuho okukikaro kinu mbere ruhanga abaliza naiitwe. Nitufwoka abakumumanya, natuha okukizibwa, okuturagirra, n, obusinge. Kiri omumwanya gunu nukwo tufwoka abakumumanya.

Titusobora okutina okutaha omukuramya munda okwamukama omumaiso g'abandi. Kuli kutaha omukikaro kinu ekyokuramya okw'omunda nukwo twebembere abandi hali obugabe obwokwoleka engonzi zabo hali isebo.

Kukugiza omurutaro rw'omwoyo

Obuturora hali omukama Yehosafati turora ebyamahano omukikaro.

Kandi obubatandikaga okuzina n'okukugiza Ruhanga atekaniza ebirabaho abana ba Ammoni, Moabu na harusozi seyiri mbere baiziraga Uda; kandi okurwana nayo, batemwa.

Nitukora abantu ba Ruhanga batazine buzina baitu bakamukugiza, akahwerekereza abanyanzigwa, haroho obwire Ruhanga yakozzesaga kukugiza nkekyokurwanisa kyorutaro orwomwoyo – obutuzina abanyanzigwa bairuka.

6 Okukugizibwa kwa Ruhanga okuuru muno kube omukanwa kabu, nempirima y'obwogi bubiri omungaro zabu. 7 Okuhora enzigu amahanga, nokubonabonesa abantu; 8 Okuboha abakama babu nenjegere, nabanyoro babu bamasamba gekyoma. 9 Okubahikirizaho omusango ogwahandikirwe.

Abarukwerabe bona banyina ekitinisa eki, Mukugize Mukama.

Kikaroki amazina gawe agotera n'ebizina byawe ozina byebembera abo ababihuliriza?

Omulingo og'wokuhabura oguhikire mukukugiza n'okuramya kiri kumanyirra nkoku nituhondeza eki Ruhanga ekyarukukora.

Twine kumanya ngu tukahangwa kukugiza Ruhanga twija haliwe n'omutima ogwezibwe.

Ija nonihira Ruhanga kurubata Ruhanga obwaliyo narubata genda nawe.

Obujunanizibwa bwaitu buli kumalirra nawe Ruhanga, Tuli basomesamumaisoge. Muramye mumwoyo n, omumazima hatali kuleta okuswazibwa haliwe baitu kuleta abantube haliwe nukwo abaiheho okuswazibwa kwabo.

Lengesaniza ngu Ruhanga naija kurubata omubantube. Aikara mu kukugiza kwabantube kandi ruhanga obwarubata – tuhinduka.

Ramya ruhanga omumwoyo n'omumazima. Semeza omutima gwawe otakatandikire kusaba. Leta okukugiza n'ekihebwayo haliwe. Saba okuganyirwa, semeza okwangirra kwawe, nukwo obe omusomesawe

Kirengo otakatandikire kuzana, lengaho ebyokuzinisa byawe, lengaho okuzana n'okuzina nkekitebe. Rorrakimu ngu abo abarukutamu amani ekibina kurora baine ebyokukozesa ebibarakozesa. Otakatandikire okuramya otaikiriza ababo abali omukibina kwega omubwire bwokuramya. Titurukwenda kuba kyokutalibaniza – nitwenda kuramya Ruhanga.

Ekigendererwa kiri hali Ruhanga, hatali hali itwe.

1 Mukugize Mukama Mukugize Ruhanga hawe harukwera. 2 Mumukugize omumwanya og'wamanige. 3 Mumukugize niraka erikondere; mumukugize namadinda nenanga. 4 Mumukugize nenjogera nokutera enyege.

5 Mumukugize n'enyege eziraka erike. 6 Kyona kyona ekinyina orwoya kikugize Mukama nomusigikiraho kiri kweserurra wenka, kiri byona binu, kiri kihali, kiri kyokukora busa kyokwefwora wamani kandi nikiba kyokuhutaza Baitu engonzi za ruhanga tizikora nakimu omuli ebi.

Psalms 150:1-6

TWIJUKE: KUKUGIZA N'OKURAMYA

1. Kuzina okutarumu mafuta – kuli kuzina buzina

(a) Mazima

(b) Bisuba

2. Abazina tibarukubarwa nka omusomesa

(a) Mazima

(b) Bisuba

3. Sitani akaba nakozesa kuleta ebisembo mumaiso g'ekitebe.

(a) Mazima

(b) Bisuba

4. Nk'abazini leka tu------------------------------------
emitima yaitu, nukwo tuhimbe-----------------------------
----hali abantube nukwo batunge--------------------------
--------,---------------------n'okuganyirwa okw'ebibi.

5. Leka tukugize kandi turamye no------------------------- -------- ----------------------tutaine------------------------ ----------kandi tutakuswaza Ruhanga.

6. Abasomesa batakagenzire omumaiso ga arukwera wabarukwera, besemeza nitusobora okwesemeza tutakaramize?

(a) Ego

(b) Nangwa

(c) Obwire obumu

7. Okugonza kwaitu hali Ruhanga kweyolekerwa mukuramya.

(a) Mazima

(b) Bisuba

8. Nitusobora okwesisaniza, obukodyo bwaitu busereka enziha ezenkoragana yaitu hamu na Ruhanga.

9. obutuba ni---------------------- kuramya, Ruhanga------ --------------------kuraba omubuli kintu.

10. Mwanyaki ogutali gwokukugiza n'okuramya?

(a) Kukugiza omurutaro orwo'mwoyo.

(b) Realm y'ebiroto

(c) Realm

11. Obutuba nituzina tukora tuta kurora titwatalibaniza?

(a) Yega otakazaine

(b) Rorra kimu engineer akutaire ekirukumara otakandikire

(c) Otaikiriza okwega omubwire bw'okukugiza.

(d) Byona ebigambirweho.

12. Kintuki ekitali kuhabura akurukuhondera Ruhanga ekyarukukora?

(a) Kumanyirra tukahangirwa kukugiza Ruhanga.

(b) Ija haliwe no'mutima ogurukwera.

(c) Zina nobugumu omuliwe nkomuzini owamani.

(d) Ija nokwegomba Ruhanga kurubata.

(e) Nka Ruhanga obwarukurubata genda nawe.

13. Obujunanizibwa bwaitu nukwo ku ---------------------- ------------ Ruhanga hatali ku ------------------------------ -- Ruhanga ku -------- itwe.

14. Kakuba ekitebe kiba kitakuzina naitwe kiki ekitutasemerire kukora?

(a) Kukora hali Ruhanga

(b)

(c) Kuzina ebizina ebyekitebe kimanyire.

(d) Rora muno ebizina biri haiguru muno rundi hansi muno.

CHAPTER 12

IMUKA HAIGURU MUNO OMUNGONZIZE

Okugonza kwaitu tukukulengesibwa nokugonza okwa Ruhanga:

Paulo akaba nahebwa ekitinisa omukwikarakwe naba Firipini kandi akabagonza nkabanywani. Nagamba bakaba kusemererwakwe kandi nekondoye. Nagamba, "nahabweki mwemerre mugumire omuli Mukama…" yabaha ebyokukuratira, kandi nagamba nahakusaba. "… omubuli kintu omusara nomu kwesengereza leka ebyetagwa byawebimanywe hali Mukama Ruhanga kandi n'obusinge bwa Mukama ruhanga, oburaba omukumanya, bulinde emitima yanyu nebitekerezo yanyu kuraba omuli Yesu Kristo" kiro kinu ninyikiriza twine kugarra busyaka ebigambo binu omubwomeezi bwaitu, hanu omukikaro kinu, mbere tulihaihingana muno, tikyanguhire muno habwokuba abandi bakozirwe kuruga omulibo.

Kandi abandi tibakakitungire, Paulo yali omu owarukwikiriza kinu. "Kandi obusinge bwa Mukama

Ruhanga oburaba omukumanya, burilinda emitima yanyu nebitekerezo byanyu kuraba omuli Kristo Yesu".

1 NUKWO bagenzi bange abarukugonzebwa, kandi abandukusali'rwa omu mutima, okusemerwa kwange kandi ekondo yange, nukwo mweme'rege muti, mugumire omu Mukama waitu, abarukugonzebwa. 2 Ningambi'ra Ewodiya, kandi ningambi'ra Suntuke, okutekereza ekigambo kimu omu Mukama waitu. 3 Ego, ninyesengereza naiwe omuiru mutahi wange mali mali, okukonyera abakazi abo, baitu bakakora emirirmo hamu nanyowe omu njiri, kandi na Kerementi nabandi abakozi batahi benge, amabara gabu gali omu kitabu kyobwomezi. 4 Musemererwege omu Mukama waitu ebiro byona: kandi ningaruka okugamba nti musemererwege. 5 Okucule'rangana kwanyu kumanywe abantu bona. Mukama waitu ali haihi. 6 Mutatuntu'ra na kake, baitu omu kusaba kwona nokwesengereza hamu nokusima mumanyisege ebimuse'ra hali Ruhanga. 7 Kandi nobusinge bwa Ruhanga oburukukira okumanywa kwona bulirinda emitima yanyu nebitekarazo bayanyu omu Kristo Yesu.
  8 Ebisigaireho bene baitu, nti byona ebyamazima, byona ebisemerire ekitinisa, byona ebyobulyo, byona ebisemire, byona ebirukugonzebwa, byona ebirukusimwa; haraba haroho oburungi,

kandi haraba haroho aoukugizibvwa, nibyo mutekerezege. 9 Ebimwategere nebinmwahairwe nebimwahulire nebimwaboine namberendi nibyo mukolege: kandi Ruhanga owobusinge araikaraga nainywe. 10 Baitu nkasemererwa muno omu Mukama waitu, baitu hata bunu mugarukire okutekereza mukatekereza mali, kyonka mubuzirweho omwanya. 11 Tindukugamba obwokutaga: baitu nkega nti nkokundi ebiro byona, nukwo 'nihege. 12 manyire okubundazibwa, kandi manyire okusagana: omu byona nomu kigambo kyona nyegere ekyensita kinu nti okuiguta nokurumwa enjara. Okusanga nokutaga. 13 Ninsobora okukora byona habwogu arukumpa amani. 14 Baitu mukakora kurungi okuterana nanyowe omu muhito gwange. 15 Kandi mumanyire inywe Abafiripi ngu omu kubanza kwenkiri, obunarugire Makedoni, busaho kanisa eyateraine nanyowe omu kigambo kyokugaba nokuhabwa, rundi inywe inywenka;

— ABAFIRIPI 4:1-15

Engonzi za Ruhanga z'obusobozi muno, nayenda kukora kikoto omubwomezi bwange, ekirahindura obwomeesi baitu. Nayenda okwihamu eki ekyo'buhangwa bwomuntu, kandi nayenda okuleta obusingebwa Ruhanga, kandi akalinda emitima yaitu n'ebitekerezo byaitu kuraba omulibo – haroho obwire obundi obutusindikwa enyikara; Mukama naynda kuhindura itwe nukwo tube nkawe.

Ninkikirizakimu ngu Ruhanga nayenda kutuhindura obwomeesi bwaitu nengonzize nukwo tutatabura engonzi zobuntu nitumanyira engonzi za Ruhanga. ziswekerra buli kintu kyona.

Ruhanga nakora ebitasoboka omubwomeesi bwabuli omu nukwo tusobole okugenda omungonzize nukwo okugonzakwe kuhike munsi.

Tinkwikiriza ngu okugonza okwomuntu nikutabura no kugonza okwa Ruhanga ziterekerire. Ninyikiriza zihikire baitu Ruhanga ekyakugonza okutukorra nukwo kwiha engonzi ezo mubiri kandi akatamu engonzi habwa bandi nukwo tuleme okutabanizibwa enyikaro ekyomurorraho, kakuba tugonza omuntu wena, kukonyera omuntu wena kandi bakakora ekintu.

> 4 *Okugonza nukugumisiriza, kuba nembabazi; okugonza tikuba nihali; okugonza tikwenyumiza kwonka, tikwehemba, 5 tikukora ebitasemire, tikuse'ra ebyakwo kwonka, tikubihirwa, tikutekereza obubi: 6 tikusemere'rwa okutahiki'ra, baitu nikusemere'rwa amazima; 7 nukuguma byona, nukuikiriza byona, nukunihira byona, nukugumisiriza byona. 8 Okugonza tikuhwaho ebiro byona: baitu haraba haroho okuragura, kulihwaho; rundi endimi, ziriculera; rundi okumanya, kulihwaho.*

— 1 Bakalinso 13: 4-8

Nitwomererra omusaha Y'omwoyo owamazima:
Ninyikiriza omwoyo owa amazima nagenda okutwara ekikaro ekyabinu ebintu. Ninyikiriza Ruhanga nakireta kyamani omubwomeezi bwaitu nukwo tumanye amazima – turubatire omumazima kandi tworobere amazima. Kandi atuhaire obusingebwe, tulemwa nabwo tutalibanizibwa nabwo. Entekereza zaitu zirimu nabwe kandi zitaguka baitu kakuba twikiriza Ruhanga kwihamu ebintu binu mubwomeezi bwaitu, nukwo engonzize ezirukwera zibemu – engonzize ezirukwera nizikiranganiza nabuli nyikara yona – Aho titurukwija okutalibanizibwa enyikara. Kandi nimbaha eki. Kigumire muno hali itwe, mirundi nyingi, tuba abakuculera kunu tuba nituhurra nitwenda kubaza. Kigumire habwaitu okutaba nakubihirwa enyikara, obuzimuka zitulengaho kututeraho obugarukiro.

Ruhanga atunga okubihirwa, nawe ijuka kinu; baitu okubihirwakwe kwembaganiza n'okwabantu. Okubihirwakwe kwembaganiza. Okubihirwa kwaitu kwine ebintu bingi – ebyokubihirwakwe kutaine, baitu natugambira ngu nayenda okugonzakwe kutwale ekikaro kinu ekyengonzi ezobuntu ezitali zirungi. Zokwegondeza ngu nkaba ntarukwetagisa omulingo ogu ogwokutwalizamu; baitu Ruhanga yangambira, "okahurra tikine nsonga" engonzi za Ruhanga naija kukikuha; hakaba haroho omusaija omu owuyali ayambire omukazi omunakukandi akaba mutebezi wenjiri. Akaba amuyamba kandi yamwiha omunyikara emu kandi nendi. Akamusabira kugirugamu nekaye n'ebintu byona ebyemiringo. Kandi obuyali ambalizeho, akanterra "omukazi ogu"! "Ogu………. omukazi ogu" owokumanya. Emyaka yona muyambire, nkagamba, "ndihikya nkaha, Mukama, Mukama ningenda kukonyera omusaija kandi ntakutunga kitinisa – kyona kuruga omuliwe?" tarukwijuka nokwijuka ibara lyange hanyuma y" emyaka n'emyaka nimukonyera. Kale, obwire obundi ebintu binu ebitwine okuba nabyo. Baitu tugambaki halikyo? Nkagamba bugamba, "Mukama, nintekereza mukonyire muno ekirukumara'" kiro kimu nkagamba, "Mukama, nigenda okuteka kufuro harwigi kandi tindikwija okwikiriza abantu omurundi ogundi," nkagamba kwonka abo ababiri omubwire bwa Mukama. Baitu Mukama yagamba, "hati okimanyire torukwija okukikora".

Okugonza kwa Ruhanga kiri eki ekyarukugonza nukwo okuhika kandi ahahindura emitima yaitu. Emitima yabaana, emitima yabakuru, buli mutima geabuli omu. Engonzi za Ruhanga zine kukikora, titusobora kukikora nitubatera kunu nitubasekereza rundi nitubaterra akaruru. Titusobora kukikora nitubabihirirwa, tikirukukora omumulingo ogu.

Obwire obundi twehurra nkakyo, baitu tikirukukukora.

Engonzi za Ruhanga zikira ebintu byona ebintu byona:

Obwire nibwija ruhanga obwarugamba, "eki nikimara" haroho abantu bake mubwomees bwange, Ruhanga abayangambire. "Tokyoine ekyokukora hamu nabo. Kihoire" webale Ruhanga, tibali baingi. Baitu habwokuba Ruhanga akabamanyire ebyali biri omumitima yabo. Ruhanga akaba amanyire ebi byonyini ebi bali nibakora haliwe, hali mwoyowe, hatali ekigambokye, hali okugonzakwe.

Engonzi zimara obwire bwingi kandi zigumisiriza: Ruhanga nayenda kwombeka omuli buli muntu engonzi zinu eziraihire kandi ezikugumisiriza.

Bantu baingi – abato tibaine kugumisiriza kiri kintu ekyokwega n'okugumusiriza kandi obwire obumu mpurra ebyokumalirra byabo, mpurra kandi mbagamba tibarukugumisiriza kintu kyona. Tibarukwoleka engonzi eza Ruhanga. Tibarukugumisiriza kintu kyona. Baitu ruhanga nagamba engonzize zikira Zigumisiriza, zirungi. Nitwetaga kiro kinu kuhurra ekigambo kye kandi tukagamba, "Mukama nyijuza okugonza kwawe – Ijuza omutima gwange, ijuza ebitekerezo byange. Ijuza omubiri gwange n'okugonza kwawe".

Nyine kuba nokwikiriza okuukukira hakwikiriza kandi rukarra, harukarra hanu kataito nahali kataito. Ruhanga naija kuhindura obwomeezi bwanyu. Kinu kiri kintu ekigumire ekyoine kukora, habwaki?

Nagamba, "ninteka kugonza omuli iwe, nukwo obworagenda aheru mumahanga agandi, nibagenda okumanya ngu ninowe mbatumire. Kandi n'okugonza kwange kuli omuliwe, kandi nimugenda okugendera hakugonza kwange" buli kihangwa, rundi buli kyahandikirwe rundi amani gasitani gakingulire kimu, kisingwirwe amani ga Ruhanga Ruhanga natweta kwesengereza kusaba, kugozangana. Okukwata ekigambokye, kwoleka okugonzakwe enyikara nobwera etali y'okutugonza.

Ruhanga mwesigwa hali itwe, naitwe nitwetaga okuba besigwa hali uwe. Twine kwijuka ekigambo kinu ekyarukutuha.

"Ekyokumalirra, abagonzibwa, buli bintu byona byamazima buli bintu birungi, buli bintu bihikire, buli bintu nibyera, buli bintu byengonzi, buli bintu bya amakuru amarungi; obuharaba haliyo ekintu virtue, obuharba haliyo okukugiza, tekereza habintu binu.

Ebintu ebi ebitwayegere kandi ebitwatungire, kandi twahulire, kandi twarozire omuli nyowe. Eki kikotoho okukira kuhurra buhurra." Paulo nagamba

"... kora...." atagambe muhurre nyowe nikigamba," akakikora? Hati kihulirize:" kandi okakihurra kandi wakikora omulinyowe............" ekikotoho okukira kuhurra buhurra kwonka? "...kandi Ruhanga ow'obusinge aija kuba hamu nawe." Omukikaro kinu Ruhanga natekamu hamu nekigambo kyona ekyagamba omu Baibuli enu – nakiteka omuli iwe.

Oine obugabe kukitunga, oine obugabe okukifwora kyawe, habwokuba nakikuha nahabweki, kakuba oraba noyetaga okwimuka haiguruho omungonzize, kitwale! Nakikuha nukwo obe nkawe. Nakikuha habwokuba Paulo akaba kyokururroraho Ruhanga yakozeseze kwoleka abanu okugonzakwe n'ekigambokye. "Ekyo inywena ekimwegere, ekimutungire, ekimu. Ruhanga owobusinge naija kuba nainywe, nakitutamu nahati bunu.

Hati nindangirra hali iwe nti naija kukulengaho, ninkimanya eki. Nahabweki. "Ba murungi hali mutahi wawe, atali owomutima ogwokuhutaza muganyirengana, nka ruhanga, ha Kristo akuganyire." Amiina? Hati mugonzengana nengonzi eza Ruhanga, kandi tizirukwija kugaruka. Titurukwija kuba abarukusarra rundi rerundi abatarukusarra baitu zija okugererra kuruga hali iwe kandi nokuruga hali iwe kuhika ha bandi.

Obutwagenzire abarukwiragura na bahindi Ruhanga akatutuma, akaba atutekanize, nukwo obuturagenda, tutatina. Akatutekaniza omungonzize nukwo obuturagenda bamanye akaba ni Ruhanga. Tukagenda omubikaro ebirukulya abantu. Tukagendaa mubikaro ebyemiringo yona. Tukagenda omukyaro ekyabasiramu, kandi nomusaija ayatuhaire jeep ye yali musiramu. Tukagendayo kandi omuhereza hamu naitwe yagamba, "kale titurukwija kubahanu obwire bwingi, habwokuba haroho abasiramu?" nomanya kiki ekyabaireho? Nkagamba, "Mukama mpa ebigambo ebiragenda bikahinduraitima y'abantu banu"

Kandi yakikora! Kandi bakahayo obwomeesi bwabo hali Yesu – bakaruga mbere barukukorra, bakaguma nibaija. Hakaba haliyo omusaija n'omukazi oku kandi mukama yangamba mbahe Baibuli enu kandi mbagambe okukuza abantu banu n'okubatendeka habwa omwoyo wa Ruhanga. Bakemerra kandi amaizi gabaruga omumaiso, kandi bagamba, "Nitumanya onu Ruhanga, habwokuba Ruhanga akitekere omumitima yaitu okukora eki abantu" nitwetaga okugenda; titurukusobora okwikara habwokuba titurukumanya kiki ekibaireho, baitu nitumanya Ruhanga atekere okufwayo kwakyo omumuntu owuyali akomere okubarolerra.

Tihali habw'omurundi gumu, "tali Ruhanga" rundi tihali okugonza kwa Ruhanga" Bakamanya ngu kukaba kugonza kwa Ruhanga, bakamanya akaba Ruhanga nuwe yatumire. Kandi kinu kyamazima hali obwomezi bwaitu; twine kumanya ebi ebitwahulire, kandi ebitwarozire ha bwengonzize, hanyuma Paulo nagamba, "...kikole...kikole.

Ekirukukirayo omui binu kugonza:

Ninsiima Mukama habweki ekyali mukukora omubuli mutima ogwa buli omu nkoku tuli nitwetaga okwongeramu amaani. Nitwetaga okwikiriza okugonzakwe okutwara omwanya ogwabuli kintu kyona ekitubaire nakyo ekitali kyamagobaa hali itwe rundi hali uwe. Tikirukwija kukora okugonza kwa ruhanga kwonka nikwo kurukwija kukora; okusemererwakwe kwonka nukwo kurukugenda kukora. Okwikiriza kwonka okurukukorra omuli itwe, ekikuru omuli binu nukwo okugonzakwe.

Ruhanga nayetaga atulete hankoragana egi nukwo tukole ebihikire obuturaba nitukoragana na bantu n'abana. Nukwo tutabasisa, baitu engonzize ziswekerra ebintu byona. Nimbamanyisa nti haroho akavuyo hali omunyanzigwa obwire obwingi, tuba nitwenda kukora ekintu ekyembaganiza. Baitu ninyikiriza Ruhanga natuleta hali ekikaro nambere ali nukwo kituyambe okutunga okwetegereza, nokugumisiriza omu buli nyikara yona. **Ruhanga nayetaga okuteka engonzi omuli itwe kandi akaihamu ekitabwire?** Nukwo atuhe amani obuturaba nitugenda aheru oku tusingule abantu abenyikiriza ezitarukusisana hali uwe habwokuba nuwe wenka arukugenda kukikora. Nitwetaga okumwikiriza bwikiriza akaikora. Paulo nagamba hanu; "leka enyetwaza yawe emanywe hali abantu bona. Mukama ali hamu nawe". Kandi kakuba akimanya ngu ali naiwe, tumanya tuta okukiraho ngu ali naitwe. Kandi nitwetaga Ruhanga kutekaniza emitima yaitu nukwo atukozese okukwata hamitima eyabandi n'obwomesi bwa bandi.

Esaara y'okumalirra

Isitwe ninkusiima habwekigambo. Nitukusiima mukama Yesu, ngu okataho omuhanda hali okugonza kwawe okuhikire okuba omuli itwe. Nitukusiima habwokugonza muno ensi nohayo omwana wawe Yesu habwaitu. Kandi Yesu, okatugonza muno, okafwa habwaitu. Watutamu okugonza kwawe hati Mukama, leka tukugonze muno nukwo okugonza kwawe kusasane omumitima yaitu, ebitekerezo n'okubaho kwaitu kwona. Teka okugonza kwawe omuli itwe, Yesu leka ebintu binu byona biḥweho baitu leka okugonza kwawe kwikale omumitima yaitu nomubitekerezo byaitu. Nitukusiima Mukama Yesu habwekigambo kyawe, baitu nitusiima habwa ekyokozire kukireta, okuhikirra nukwo tube n'engonzi zawe omuli itwe.

Nukwo tusobole kuhikaho abo abatangonzibwa, abatafwibwaho, abo abataine muntu weena kubagonza rundi kubafwaho. Ruhanga twegese emihandayawe nukwo turubatiremu nukwo tuhikirize ekigambo kyawe – kusigikirra hakigambo kyawe.

Kusigikirra ha mwoyo wawe, Yesu nitukusiima habw'ekigambo kinu leka kidikire omu mitima yaitu. Leka turubate nakyo, Yesu leka twegombe kukira ekintu kyona leka okugonza kwawe kwijuze buli kicweka kyona omubuhangwa bwaitu kuhika abandi obubararora yesu omuli itwe Mukama, nitukusiima habwekigambo kinu. Leka kikorwe kuhika hansi omubuhangwa bwaitu, Mukama, kandi kireaho okwikiriza hamu nengonzi zawe, nukwo tugonzengana.

Homugisa abantu banu, buli omu owali hanu. Leka okugonza kwawe kwolekwe omulibo, kandi buli kimu kihweho. Baitu leka obusinge bwawe bwikaleho; leka okusemererwa kwikaleho, Mukama, nukwo okusemererwa kube omubwijwire. Nitukusiima habw'ekigambo kinu. Yesu nitukugiza.

Nomanya habwomwoyo ogutebwamu habw'engonzi obusinge bwawe, okusemererwa kwawe, okuhikirra kwawe n'oburukwera bwawe, mukama.

Tufwole abantu bawe aborukwetaga okukira ekintu kyona omunsi munu, nukwo otukozese kuleta ensi hali yesu. Yesu nitukusiima habwokukura okwa mwoyo wawe, Mukama, kugendera ha kigambo kyawe nitukuha ekinisa hati, Yesu kandi nitukukugiza habw'ebintu byona ebiwakakora kandi n'ebyoli mukukora, kandi nitusiima habw'omulimo oguhoire ogw'engonzi zawe ezamani. Omw'ibara lyawe Yesu, nitukusaba eki, kandi habwekitinisa kyawe Amiina.

TWIJUKE: IMUKA HAIGURU MUNO OMUNGONZIZE

Ijuka Imuka Haiguru omukugonzakwe.

Mazima rundi Bisuba:

1. Ruhanga nagonza kuhindura obwomeezi bwaitu nengonzize nukwo tutasobora kuba n'okutatalibaniza okwengonzi ezobuntu kwetegereza nkoku okugonza okwa Ruhangazimarahoekindi kyona.

2. Okugonza okwobuntu kutabwirwe n'okwa Ruhanga kuhikire.

3. Ruhanga nagonza kwihamu engonzi ez'omubiri, kandi akatamu engonzi habw'abandi nukwo tutasobora kutalibanizibwa enyikara.

4. Engonzi ziba haiguru yabulikintu kandi buli kintu kyona ekija.

5. Nitwomera omukaire kamwoyo w'amazima.

6. Engonzi za Ruhanga nizikora omubwomezi bwaitu nizigumizamu.

7. Ruhanga ekyarukukora omubwomesi bwaitu ky'ebiro byona.

8. Obuturaba tutendekerwe okugenda aheru omumahanga agandi, kikuru muno muno tutendekwe n'omubuntu obutaito.

9. Ruhanga nayenda okugonzakwe kutwale omwanya ogw'okugonza okwobuntu okuli kwegondeza, kwerorra wenka, kweserurra, itima, kwepanka kandi kyokuhutaza Obwire obumu kikarra mumwanya gwekiniga kiba kyokurorraho ky'engonzi za Ruhanga.

10. Mubyona nikitwara okumalirra kuleta Mukama okuhindura obwomezi.

11. Obwire kbundi okugonza kwa Ruhanga kwenda kugarulirwa ekintu.

12. Ruhanga nayenda okugonzakwe kulema obwomesi bwaitu kiri halitwe.

13. Okugonza kwa Ruhanga nikwera.

14. Okugonza nikukora hansi yabuli kimu kandi buli kintu ekija kine kuba nokwetegeka okwikiriza ekirungi ekyabuli omu, okunihira kwakyo nikusihuka hansi yabuli nyikara yona kandi kutwara mumaiso buli kintu kyona (hatali kumara amaani).

15. Kugumisiriza kiri kintu ekyokwega nogenda mumaiso.

16. Ruhanga natweta kwesengereza, kusaba, kugonzangana, kukwata ekigamokye, kwoleka okugonzakwe n'omunyikara eyetakugonza.

17. Nitwetaga okugonzakwe kutwara omwanya habw'ebintu ebindi byona ebitwine, ebitutainemu mugaso rundi hali huwe.

18. Ruhanga nagonza okuteka okugonzakwe omuli itwe kandi akaihamu "ekitabwire" nukwo atufwole bagumu kugenda aheru okusingura abantu abenyikiriza yabo rundi enyikiriza zabo hali huwe.

19. Ruhanga natuleta hali akikaro hamu nawe owaratuyamba kuba n'okwetegereza n'okugumisiriza omu buli nyikara.

20. "ebintu ebi, ebi byona ebyoyegere kandi ebyotungire kandi ebyohulire kandi ebyoboine, bikole kandi Ruhanga owobusinge naija kuba hamu naiwe.

21. Toine bugabe okutunga okutamu kwe kigambo kya Ruhanga.

22. Ruhanga naija kukikora, titurukwetaga kusindika munda.

23. Ruhanga mwesigwa hali itwe, baitu titurukwetagisa okuba besigwa hali uwe.

24. Ruhanga naija kututekaniza, nukwo atutume, titurukwija kutina.

CHAPTER 13

NKAHA HOKUSANGA EKIGAMBO

Omusingi ogwokwombekaNkaha hokusanga ekigambo? – oketebwa rundi okagenda?

Oketebwa?

Buli omu muli itwe owagonza kandi ahereza Ruhanga ayesirwe hali ekigendererwa. Tukahebwa ebisembo ebyembaganiza nokusobora hati nitwetagisa okuhikiriza entekanizaye ha bw'o bwomezi bwaitu. Buli omu omuli itwe wembaganiza abamu benda amakuruabamu benda ebyabaireho Abataito bahairwe ekisembo omubwemizano abamu basing omubyokuzina. Haroho abo abagonza kusoma haroho abo hakire barubate omukuhangwa.

Itwena tukahangwa n'ekigendererwa omuntekerezza ek'yembaganiza.

13 Baitu niwe oine omutima gwange.
   Okansereka omunda yam au.
14 Ndakusiima; baitu okuhangwa kwange

kwokutinwa, kwamahano. Emirimo yawe yamahano; nakyo obwomeezi bwange bukimanyire kimu.
15 Omubiri gwange gutakuserekwe. Obunakozirwe n'amagezi amaingi omukuhama okwensi.
16 amaiso gange gakarora omubiri gwange gutakahikirire, kandi omukitabu kyawe ebicweka byange byona nuho byahandikirwe. Ebyabumbirwe obukya bukya obubikaba bitakabaireho n'ekimu.
17 Nebitekerezo byawe byomuhendo mwingi na mberendi ai Ruhanga obubiteranizibwa kabingi!

— ZABULI 139:13 – 18 NLV

Omukama Yeremiya, aketebwa kuruga munda ya nyina (Yeremiya 1:5) Paulo nagamba, *Ruhanga ayansoroire okuruga omunda yam au "* (Bagaratiya 1:15)

Abandi nka Isaya, bakaba n'obwire obwembaganiza Ruhanga obuyabetiremu. Ekyokurorraho Aburamu, Gideon, Ezekyeri nabandi, nitusobora kuba twine okumanya ngu tuketwa Ruhanga kuruga tukyali bato, rundi nikija nk'ekyamahano muno.

Barumi 10:15 kandi balitebeza bata obubatatumwa? Nkoku kyahandikirwe ngu ebigere byabu kabirungi abarukutebeza enjiri eyebirungi!

Otatekereza ngu okwetwa kwawe nikukora n'emisomo yawe, nokusobora, nebyotungire rundi nendubata yawe na Ruhanga. Oyesirwe huwee kandi okahangirwa omulimogwe. **Okutunga ekigendererwakye nukwo embaganiza hali okwehayo omumani gawe wenka n'okugenda nabwomwoyowe.**

Noija kutunga ekirukukirayo kwana kandi kihikirizibwe obwoba omu "omukukorra busa". Okutekereza kuli okuta omutima hali amazima rundi ebya Ruhanga kandi okusaba nosigikira hakicweka eki ekyamazima.

Kutandika orugendo nukwo okuhandik okusaba kwawe, ekintu kyona Ruhanga ekyagamba hali iwe, enkarra ezifwoka zebyokumanyisa mubwomeezi bwawe n'ebitekerezo ebija haliwe obwoba oine okutekerezaho.

Okuterana na Ruhanga:

Nukwo okwega okubahokwe omubwomeezi bwawe teri nsonga kiki ekyokukora kandi kiki ekikwetoroire nosobora okusigara n'omumanya, bagana buli kyetagwa, buli kusemererwa buli ekirukukwetagisa. Hiba n'okumuhurra irakalye. Kandi n'okwegenderesereza hali ebyomwoyo

Leka twijuke – ninkaha mbere tusanga ekigabo?

Omulingo g'wokusoma ekigambo kya Ruhanga nkoku oba nohayo obwire mumaiso ge omukigambo kya ruhanga habwawe. Noija kwijuzibwa kandi nohindurwa kandi noija omunda omuli iwe kuha bandi.

Soma Isomo haisomo ekyokurorraho... ebikuru omukujunwa rundi omukubatizibwa omumaizi nebindi.

Omukuhonderaniza ebyabaireho omukuhonderangana omubyabaireho

Soma rukarra harukarra kuraba mu Baibuli. Soma abantu; entwaza soma rundi ebikaro by'omu Baibuli nibisoora kusemeza.

Okusoma ekigambo; ebirukumanyisa na nibiyambakumanyisa enyanjura kweteereza muno amazima kakuba twikiriza mwoyo arukwera kutuhereza n'okutwebembera omukwetegereza okurukukiraho.

Okusukururwa: Buli kaire ruhanga naija kukinguraho emitima yaitu kutunga kandi kwetegereza amazima kakuba twikiriza mwoyo arukwera, kutuhereza n'okutwebembera omukwetegereza okwamaani. Tukaba bafu bamaiso mubyaira baitu hati niturora, kinu obukiriyo nikibaho kyamaani okuzora amazima omukyahandikirwe.

Kukora ebintu ohumwire: Hanu nuho ekigambo kya Ruhanga kiteramu amaani kandi kimukya kandi nikikuyamba kuraba omubwire obugumire kandi nikikuyamba okukora nabantu abakututera ibanja n'embabazize. Ebiraganizo; haroho enkumi n'enkumi ebiraganizo omu Baibuli kandi byaitu kwemerra ebiraganizo ebirukukira bine "kakuba "kakuba tuserra "kakuba" kandi tukahikiriza ebya Ruhanga, Ruhanga naija kukora ekicwekakye.

Gumya okwikiriza kwawe:

Kandi otunge okugarurwamu amaani. Omukarra rumu rwonka niruba nirumara kwimukya omutima gwawe haiguru y'ebigamangaine.

Obuhabuzi: Ebiragiro biri hona hona omu Baibuli. Obu turabikora turaba abasinguzi kandi abarukusinga omubitukora.

Ensonga ezaikairraine n'ebirukubaho hati. Soma ekigambo kya Ruhanga eki kirukugamba hali ensonga ezabaikairraine. Obwire buhinduka n'abantu bahinduka baitu ekigambo kya Ruhanga tikirihinduka kiryemerra okwikaraho.

Haroho ekigarukwamu buli kasumi kandi oirize amaani nokuhaburwa kwawe haliwe. Kakuba oikara omuli eki ekyakwetire kukora kandi okarubatira omumafutage noija kwesanga nogendara mumafutage.

Leka twijuke - Okeetebwa?

Ekigamba kya Ruhanga kiri kintu ekiruga omuliwe, kandi hatali kuruga muntekereza yaitu. Obwongo bwaitu bwijwire ebi ebiteahulire n'ebi ebiturukutekereza. Nekyo ekyarukutekereza hali enyikara ekiri kikuru muno.

Obwire bwona tutalibanizibwa enyikara kandi n'emiringo yaitu tuzirwanisizamu. Nitusobora bwango kurahirwa abantu hali ebi ebibagamba n'ebibatekereza. Baitu kakuba twikiriza Ruhanga kututendeka nitwega okuhurra n'okwetegereza omutimagwe. Kakuba twikara haihi nawe kandi tukakuza enkoragana hamu nawe, nitutandika okuhurra kurungi kandi kugumizamu.

Hanu haroho ebintu ebimu ebitusobora kukora nukwo tukoragane n'omwoyo arukwera ogu owakututekaniza hali obwesigwa tube munwagwe."

- Oikale notagata nogaruka busyaka. Noyeyombeka haiguru muno y'oburukwera bwawe omukwikiriza. Uda 1:20 – 25.

- Tunga obwire bwawe oculere saba yesengereza, ramya, genda terana hamu soma, terekerezaho.

Kusaba kuli kubaza na Ruhanga kandi kuhuliriza ebyakugarukamu. Kuli kuhayo ebyetagwa byawe. Ebyokwenda n'ebizibu n'okubagana namasemererwa n'okusiima. Abafiripi 4:6 mutantura na akake, baitu omukusaba kwona, nokwesengereza hamu n'okusiima mumanyisege ebimuserra hali Ruhanga.

Okwesengereza nikimanyisa okwemerra omumwanya hagati ya Ruhanga nabantube. Nikisabwa habwa mwoyo arukwera kusigikirra hakugonza kwa Ruhanga habwantube. Obu tusaba habwa mwoyo arukwera, buli kaire nitwija kwehurra omutimagwe, kandi niturra habw'ebyo ebimuliza.

Abarumi 8: 26 nukwo mwoyo akonyera ati obugara bwaitu, baitu titumanyire okusaba nkoku kitihikirire, baitu omwoyo we nka natutonganirra n'okusinda okutarukugambwa.

Kuramya nukwo okwikiriza okubaho kwawe kwona kwoleka nkoku ruhanga mukuru, wobusobozi murungi, precious, muhikire, murungi kandi wengonzi. Atutangatangana omukuramya kutuyamba kwikara nitumanya nkoku Ruhanga waitu wengonzi kandi mukuru kandi ateka ebyetagwa byaitu omukunihira.

Kusoma kiri kurora munda omukigamba kya Ruhanga; kuroraniza kyahandikirwe.

Haroho enyikara ezabantu batangatangana ezisobora kuzorwa omukyahandikirwe obuturagirra abantu hali eki Ruhanga ekyarukugamba, nitwija kwemera hamwandaragwe.

Leka Twijuke:

Mulingoki ogwokusomeramu ekigambo kya Ruhanga.

Abantu abemiringo esaatu:

Buli muhereza wa Ruhanga wena nayetaga abaantu bemiring esaatu. Itweena nitwetaga abantu. Bushao omuhereza owaine byona rundi owamanyire byona. Abahereza nabo nibetaga kuherezibwa. Itweena nitwetaga kugarukwamu amaani, kusumururwa n'okugira embalirra.

Ego kuhereza abandi habwokugera okw'omwoyo wa Ruhanga nikuleta okugaruka busyaka hali itwe; baitu, kulekwa abaingainegaine, nitwetaga abaantu abandi, Abaantu abasemerirwe, abanywani nabatutera ibanja.

Abantu abemiringo esaatu:

Twine kuba n'abegeswa; nitwetaga kuba b'engeso kandi aba kuterana.

Kikuru muno ngu tumanyire Ruhanga kandi nitwetegereza ekigambo kye, baitu twine kukoragana kurungi n'abaantu. Bahereza baingi bafwoka abataingainengaine omubwomeezi, bwabo. Obubataba nobwomeesi oburungi omunkoragana yabo nabeka yabo, abanywani bagenzi babo, n'entama zabo.

Haroho okwecwamucwamu kwa amakanisa nikuletwaho obutakengangana kwa abantu habwe enyikiriza zabo:

Leka turole hamiringoesatu eyetarukusisiana ey'enoragana eyeratuyamba tukaikara baingainengaine.

Abanu abatukuhereza:

Abato tibasobora kukura habwabo bonka, nibetaga omuntu orukubatwara, kubebembera, kubegesa. Kinu tikirukumanyisa omukusomesa Baibuli kwonka baitu, omubyona ebyobwomeezi. Abantu nibaija kukura kurungi obubaraba baine nyinabo owo'mwoyo rundi isebo owo'mwoyo. **Abato abegeswa nibaija kutera ibanja okwikiriza kwaitu kandi nibakebera endubata yaitu;**

Barungi habw'obw'obwomeezi "bwaitu" nibaija kutulinda bata kandi abarukusobora okuba nabo kandi abasobora kutugambira ekibatubaineho. "Obutuba tubaire nkokutuli habwaitu". Tukyali bobwa Ruhanga? **Abanywani baitu baija kurora orubaju embaganiza eyenyakukuroho kukira entama zaitu:**

Tikiri kirungi hamuntu nomu kuba ha mulimo ogw'omulisa rundi omwebembezi obwire bwona. Okuba n'obwomeesi oburungi hamu nabanywani nikituyamba okulinda omu mwoyo obuhangwa kandi omubuhangwa mumwoyo.

Abantu abatukuza kandi bakatufwora b'okukaguzibwa:

Abo abatweta kandi bakatuterekereza obutuba turugire hamuramwa. Abo abatuhereza n'abatulisa, abanabi, abasomesa, abesengereza, abatumwa

Enkora yaitu esobora okutetegeza ebiragiro bya ruhanga nokusomesa abegeswa be nokwegondeza **ekyali kiroho muno habwire Yesu** yali ali hansi. Yesu obuyayesire abegeswabe bakahura kyali ekitinisa ekyamani okukomwamu "omu somesa" rundi omukama ", kutendekwa okufwoka "nkomusomesawe" nabekaye bakakusemererwa habwokuba omu habekaye akakomwamu.

Bintu bingi ebitwega omubwomeezi "nibikwatibwa kukira kwegesibea kiri nkoku tugenda niturabamu ebizibu n'omuntu ondi nukwo twga ekirukukirayo

Emikono eyeri hakutendekwa nija kutuyamba muno kukira kwegesa okw'omukitebe:

Twine abegesa baingi baitu hatali "abazaire" baingi Paulo nagamba, mbazaire kuraba mukigambo".

1 Bakolinso 4:15 baitu nobumuraba munyina abegesa kakumi omu Kristo, timunyina baisinywe baingi baitu "ninyowe nabazaire omu Kristo Yesu omunjiri",

Nitwija kuba abahairwe muno omugisa obuturaunga abazaire abaisitwe aba'omwoyo abasaija rundi abakazi. Abarukwija kuturora emyoyo yaitu kandi babaze omubwomeesi bwaitu. Sserra omulingo gunu ogwenkoragana omubuhereza bwawe.

TWIJUKE: NKABA HOKUSANGA EKIGAMBO?

Oketebwa?

1. Honderaniza ebisembo ebyembaganiza Ruhanga ebyakuhaire nabyo omugisa.

2. Wakahebwahoga ebigambo ebyobunabi hali okwetwa kwawe? Handiika omubifunze hali ebiwatungire.

3. Kicwekaki ekya Ruhanga ekirukukirayo kukusemeza. Bantu bamulingoki abobwa Ruhanga ahondera kandi oyegomba?

Ninkaha mbere ndukusanga ekigambo?

1. Honderaniza bwireki obuculire obw'okira kukozesa?

2. Komamu omulimo ogusyaka kuruga

3. Oyehuliriza wenka n'okura noija haihi Ruhanga?

4. Komamu ekyahandikirwe kimu ekibaire kyomugaso muno mubwomeesi bwawe kandi ohandike kiki orukarra runu kirukumanyisa haliwe.

Nkoku tusoma ekigambo kya Ruhanga

1. Soma zabuli 119. Honderaniza miring ngaha eyerukwahukana eyokusanga Daudi akagenda n'ekigambo kya Ruhanga?

2. Komamu omulingo gumu ogwatakozeseze hanyuma kandi osoborre oyetegekere ota okutamu kinu omukusoma kwawe okwa Baibuli.

Abantu bemiring esaatu

1. Rora habwomezi bwawe, honderaniza abantu abaine omubuli kicweka omubicweka bisaatu ebyenkoragana. Kakuba oraba oine ekicweka ekiri kwonka, handika entekaniza.

2. Soborra nikimanyisaki Paulo kugamba, "Nkabazara kuraba mukigambo"

3. Soborra nikimanyisaki kwegesa omwegeswa.

QUIZ: NKABA HOKUSANGA EKIGAMBO?

1. Kakuba oikara omuli eki ekyakwetire kukora n'okurubatira omumafutage noija kwesanga oyijwire habwomwoyowe.

a. Mazima

b. Kisuba

2. Ruhanga natweta habw'a kusobora okwembaganiza, okusoma kwaitu n'okurubata hamu nawe.

(a) Mazima

(b) Kisuba

3. Nitusobora kuhurra iraka lya Mukama kurungi n'eki ekiturukutekereza kakuba,

(a) Tuhurra okuramya okwiraka eryahansi.

(b) Tandikaho enkoragana eyokwirra haihi nawe.

(c) Gumizamu okulisa ebitekerezo baitu n'ebi ebituhurra n'ebitutekerezaho.

(d) Busaho nakimu omuli ebi ebigambirweho.

4. Obutuba nitwesengereza n'omwoyo arukwea nitusobora kutandiika okurra habwe'ebi ebimuliza.

(a) Mazima

(b) Kisuba

5. Tekereza hakukora kwa Ruhanga.

(a) Kwikarra amaguru agorabizemungana otakutekereza kintu.

(b) Kweyihiramu byona ebitekerezo n'ebyokwehurra.

(c) Kulisa ebitekerezo n'ebi ebituhurra hamu n'ebitukutekereza.

(d) Busaho omuli ebi ebigambirweho eruguru.

6. Kuterana na Ruhanga nukwo: -

(a) Kulengaho okubahokwe omu buli kicweka kyomubiri gwawe.

(b) Kubagana okusemererwa kwona n'ebirukukwataho byona hamu nawe.

(c) Okuba n'okuhuliriza irakalye eritekaine kuraba mukiro.

(d) Byona ebigambirweho.

7. Kakuba emitima yaitu eba ekingwire okwetegereza ekintu kyona ekitukaba tuli bafubamaiso nikyetebwa.

(a) Kukora ebintu ohumwire

(b) Okuterana

(c) Okwesengereza

(d) Okusukururwa

8. Ekigambo kya Ruhanga obukitutamu amani, kandi kikatukonyera okuramu abantu abagumire rundi enyikara eyegumire nikyetebwa.

(a) Okwesengereza

(b) Kukora ebiintu ohumwire

(c) Okuterana

(d) Okusukururwa

9. Buli omu nayetaga abaantu abemiringo 3 omubwomeezi bwabo nukwo bagume baingaingaine.

(a) Abarungi, Ababi, hiba mubi

(b) Entama, Embuzi, Engamiya

(c) Ababudabuda, Abegeswana kuterana.

10. Abegeswa abato nibetaga itwe, baitu naitwe nibatuyamba okuguma abato kandi abarukwanguhirwa.

(a) Mazima

(b) Kisuba

11. Abantu abakwinganaigana naitwe batuyamba okwikara mubwobuhangwa mumwoyo, mubyomwoyo byobuhangwa.

(a) Mazima

(b) Kisuba

12. Emikono eyeri hakutendekwa teri nkeyekubarwamu omugaso nk'okusoma okwomukitebe.

(a) Mazima

(b) Kisuba

13. Twine abaisitwe baingi baitu hatali abasomesa baingi.

(a) Mazima

(b) Kisuba

14. Nosobora kuserra omubudabuda owaheru yihanga kandi noyetungira omubudabuda.

(a) Mazima

(b) Kisuba

15. Ekigambo ekyoha nikuruga mukyoyomera.

(a) Mazima

(b) Kisuba

CHAPTER 14
NIBAKUMANYA IWE?

Nahabweki noyenda kuba omulisa? Baitu entama zawe nizikumanya?

Yesu nuwe omulisa omurungi:

Nk'abebembezi twine kwega emihandaye kandi tukega kugonza anantube nkoku igana riri hirye, tiriri ryaitu. Obu tukuhereza, nitwoleka okugonza kwa Ruhanga habwigana. Baija kutandiika kumanya itwe kandi batugonze. Wesige gonza kandi okuze ekyo ekyosobora kuha entama za ruhanga. Okwetegereza n'emisomo Ruhanga atuha kuruga hakitebekye.

Omu Yohana 10 Yesu nabagana nkoku ali omulisa omurungi kandi nkoku entamaze nizimanya irakalye. Nayongera nabagana nkoku tusobora okuhondera ekyokurorrahokye nko mulisa omurungi.

Yohana 10:4 obwamara okusetura eze zona, azebembera n'entama zimukuratira, baitu zimumanyire iraka.

Omulisa kakuba alias entama kandi akaifwaho zimumanya. Kakuba ondi azeta entama nizimunuga rundi niziruka. Baitu kakuba omulisa azeta nizija haliwe kandi nizimuhondere

Kakuba entama eba eine enjara, omulisa agirisa, iroho agiha ekintu kyokunywa. Kakuba abarwaire omujanjaba mpaka akizire. Yesu nuwe mulisa omurungi hanu haroho ebyokurorraho nkoku atufwaho nkentama.

Omulisa omurungi nakwatwaho habw'ebyetagwa byaitu.

Ebyetagwa byaitu ebirukurorwa nka ebyokulya, ebyokujwara nk'ebyokwetaga ebyomwoyo.

Zabuli 23:1 Mukama nuwe mulisa wange tindisega.

2 Ambyamya omwirisizo eryobunyansi obuto; anyebembera hali amaizi agokuhumura.

Leka twekaguze itwenka ebikaguzo binu. Habwaki nyine ekanisa? Okuhikiriza nkomuntu, ego okuhunuka. Kugamba bugamba nyine kanisa. Kuhikiriza buhikiriza okwetwa kwange.

Habwentasya kyonka, habwokuba ningonza abantu kandi ningonza kukora nabo.

Abekitebe kyawe nibakwesiiga?

Nibamanya oine ebirukukirayo ebitekerezo bwawe ebyokubagondeza?

Obwire obwingi abaantu bataha omubujunanizibwa nk'abalisa rundi nkabebembezi kandi tibakutekereza ebibaine kukora okulisa entama zabo" nitukyetegereza nkoku bujunanizibwa bwaitu kulisa n'okunywisa entama; kandi nokuleta entama mukikaro mbere zisobora kuzarra.

Nkabalisa tutekaniza entama zaitu:

Kwomera

- Emisingi enkuru
- Kwegarukamu
- Kujunwa
- Kubatizibwa mumaizi
- Okubatizibwa okw'omumwoyo arukwera.
- Kozesa ekigambo kurungi
- Kura mumwoyo
- Kuza ekisembo ky'omwoyo.

- Genda habwa mwoyo wa Mukama.
- Kora emikoro ya Baibuli
- Kusembera
- Ebihebwayo n'ebisembo
- Kubatiza mumaizi
- Ijukiriza ekigambo

Okuzara:

- **Okusomesa ha Sunday – emisingi y'enyegesa.**
- **Ebibina byensinganto**
- **Yegesa okugambira abandi hali Yesu.**
- **Kugaita**
- **Kuhayo abana**
- Kutendeka abebembezi.
- Okuzarra Ruhanga….. obukamabwe.

Hatali Magoba

- Kurwara
- Irwarro
- Kuhiganizibwa
- Kufwerwa abagonzibwa.

Habw'obwebembezi

- Abatangirizi
- Mukuru wekitongole
- Omuhereza
- Omulisa
- Omusomesa
- Omutebezi wenjiri
- Omutumwa

Nka'balisa tukuza omwikiriza kuhika habukuru:

Kubakonyera kuhikiriza okwetwa kwabo habw'omwoyo wamukama. Tutendeka ekitebe omulingo ogw'okutaha omubindi ebya ruhanga kandi n'okwomererra mubusinge. Tugumizamu okuhayo okusaba, nokwesengereza habwentama.

Zabuli 23:3 Angarramu amaani obwomeezi bwange anterekereza omumihanda ey'okuhikirra habwibaralye.

Abafiripi 4:9 ebimwayegere n'ebimwahairwe ne'bimwahulire n'ebimwaboine namberendi nibyo mukolege, kandi Ruhanga ow'obusinge araikaraga nainywe.

Obujunanizibwa bwaitu tukiri okulinda ekitebe munda mukanisa baitu kubakuza n'okubatendeka kugenda munsi hona.

Ekyokurorraho kya Paulo nkomulisa omurungi:

2 Timoseo 2:24 kandi omwiru wamukama waitu, tikimuhikirire okurwana, baitu okuba omuculezi hali bona, omwegesa omugumisiriza ahana omubuculezi abanyakuhakana. Rundi Ruhanga alibaha okwegarukamu obw'okumanyirakimu amazima; 26 Kandi balitamiruka okuruga omundubatira ya Sitani, ogu obuyabamazire okubahamba okukora nkoli okuyagondeze.

Bagaratiya 4:19 abaana bange abato abandukusalirirwa, kandi okuhikya Kristo obwalifwokera omulinywe,

Leka tusome

> 34 Nubwo Mukama aligambira aba ha mukono gw'obulyo ati: 'Mwije inywe Isenyowe aba yahaire omugisa, mugwetwe obukama obwabateekaniriziibwe okuruga ha kuhangwa kw'ensi;
> 35 habwokuba obu nkaba nindumwa enjara, mukampa ebyokulya; obu nkaba nyina iroho, mukampa ekyokunywa; obu naizire ndi mugenyi mukankunira;
> 36 nkaba ndi busa, mukanjweka; obu nkaba ndwaire, mukaija mwandora; nkaba ndi omu nkomo, mukaija mwansuura.'
> 37 Nubwo abahikiriire balimugarukamu bati: 'MUKAMA waitu, tukakurora di norumwa enjara, twakuha ebyokulya; rundi oina iroho, twakuha ekyokunywa?
> 38 Kandi tukakurora di oli mugenyi twakukunira; rundi oli busa, twakujweka?

⁣³⁹ Tukakurora di orwaire, rundi oli mu nkomo, twaija kukusuura?'
⁴⁰ Mukama alibagarukamu ati: 'Mazima nimbagambira nti: Eki mwakoliire omu hali abo abarukukira obuto omu bagenzi bange banu, buli mukakikorra nyowe.

— Matayo 25:34-40

Turora batahi baitu obubakaba bali omwirwarro, tumara obwire nabo omubwire bw'okusemererwa n'omubwire bw'okuganya, tulya nabo, tusaba, kandi tubahereza n'okubegesa **kubooleka nti nitubafaaho.**

Mazimakwo omulisa omurungi kandi buli bujunanizibwa bwaitukufwaho entamaze kandi twine kuguma nitwijaka.

Entaama zonka nizozizara entaama:

TWIJUKE: NIZIKUMANYA:

1. Nk'omulisa kikuru muno kwega emihanda ya Ruhanga nokwega kugonza abantube.

(a) Mazima

(b) Bisuba

2. Omulisa omurungi nakwatwaho habw'ebyetagwa byaitu, ebyetagwa ebirukurorwa nka, ebyokulya, ebyokujwara hamu n'ebyetagwa ebyomwoyo.

(a) Mazima

(b) Bisubi

3. Habwaki omulisa agira ekanisa? Ekomamu byona ebihikire.

(a) Nkomuntu kuhikiriza

Ego, Arrogance

(b) Habwokuba Ruhanga akamweta.

(c) Kugamba bugamba aine ekanisa.

(d) Habwokuba agonza abantu.

(e) Kuhikiriza buhikiriza okwetwake.

(f) Habwokutasya (sente).

(g) Habwokuba agonze kukora n'abantu.

4. Abekitebe kyawe n'ibakumanya? Nibakumanya oine ebi--
----
omubitekerezo?

5. Tibuli bujunanizibwa bw'omulisa kukonyera abo abalisa omukanisa kuhikiriza okwetwa kwabo habw'omwoyo wa Ruhanga.

(a) Mazima

(b) Bisuba

6. Tugume nituhayo okusaba nokwesengereza habw'entama zaita.

(a) Mazima

(b) Bisuba

7. Miringo 5 eyokwoleka abekitebe kyawe ngu nofwaho.

(a) Kuzana omuzano obubali omwirwarro.

(b) Kugenda habugenyi bwabana babo.

(c) Kuba nemikoro nobwire hakanisa.

(d) Kubungira abeka zabo.

(e) Otabaraliza omuka yawe.

(f) Sabira ebyetagwa byabo omu okusaba okwabaikiriza ha sande.

(g) Bahereze hakanisa BBC

8. Kirungi kutendeka ekitebe kyawe omubintu, omumiringo eyehonderaine enu. (komamu gumu)

(a) Okutendeka okwabaana

(b) Ebibina byensingato

(c) Kwegesa hali okugambaho Yesu hali abandi.

(d) Kutendeka abebembezi

(e) Kuzarra Ruhanga ………………….. obukamwe.

(f) Byona ebigambirweho.

9. Omulisa rundi omuhereza aine kutekereza habintu ebyomwoyo

kuhereza ekanisa.

(a) Mazima

(b) Bisuba

10. Entama zonka nizo zizara entama nikimanyisa ekanisa nija kukura kurungi mumwoyo.

(a) Mazima

(b) Bisuba

EBISUMURUZO

Kwikiriza obusinge bwa Ruhanga obuhikirire:

1. Obuhikirire, Amazima Obusinge obuhikire, ebitekerezo,
2. Kwesigwa
3. Amaani
4. Kucwa Emisango
5. Obusinge
6. Kuhindurwa, kugarurwa busyaka.
7. Ekyererezi, kuterana, Kwezibwa.

Mazima rundi Bisuba

1. Mazima
2. Mazima

3. Mazima

4. Mazima

5. Mazima

6. Mazima

7. Mazima

8. Mazima

9. Mazima

10. Mazima

11. Mazima

12. Mazima

Kunywanisa

1. B

2. a

3. c

4. f

5. d

6. e

7. g

8. h

9. j

10. i

11. k

12. l

1. Enyerwaza n'obuhangwa

1. b

2. Mazima

3. C

4. Bisuba

5. E

6. D

7. A, c, d, f,h

8. Somesa, seduce, nyowe, bairu, obusihani

9. Mazima

Mukama okataho obsinge babwaitu.

1. b

2. c

3. a

4. c

5. b

6. a

7. b

8. c

9. a

10. b

2. Orutaro rw'omwoyo

1. a

2. b

3. a

4. b

5. b

6. a

7. d

8. b

9. d

10. a

11. a

12. d

13. b

14. b

3. Kumaraho Obutabanguko

1. b
2. a
3. a
4. a
5. b
6. b, c, d
7. c
8. b
9. a
10. b
11. b
12. b, c, d, g
13. f
14. b, c, f, g
15. c
16. d

4. Akeyihaho Ekitinisakye.

Mazima rundi Bisuba

1. Kisuba
2. Mazima

3. Kisuba

4. Kisuba

5. Kisuba

6. Mazima

7. Mazima

8. Mazima

9. Kisuba

10. Mazima

11. Mazima

12. Kisuba

13. Mazima

14. Mazima

15. Mazima

16. Mazima

17. Mazima

18. Mazima

19. Mazima

5. Abaliisa N'entama

1. A, b, c, e, g, k

2. Bisuba

3. A

4. C

5. Mazima

6. A, b, d, e, h, I, j, l

7. C

8. Okwikiriza nikukora nengonzi.

1 Obugabe

2 Obuhikirire

3 Engonzi

4 Ekiragiro

5 Omubiri

6 Kumalirra

7 Yesu Kristo

8 Kubatiza kw'omwoyo

9 Kuhanga

10 Kurubata

11 Mwoyo

12 Kuhindura

13 Kutendeka

Mazima Rundi Bisuba

14 Kisuba

15 Mazima

16 Kisuba

17 Kwegondeza okuli kwemiringo

18 c

19 b

20 c

21 a

9. Omuguha ogw'okulengesa

1. Omuguha ogwokulengesa, omuguha ogwokulengesa, omuguha ogwokulengesa abantu.

2. Mukama, okwehayo, kwehayo kumalirra.

3. Kusemererwa, Kujunwe, kugonza, kwesiga.

4. Ebyokwegondeza, kwomera.

5. Amazima

6. Kwikiria, kwenda, obugabe, obugabe.

7. Aheru, oburungi, obugabe, kuhereza, ebyetagwa, enjiri kukora, ebirukwetagisa.

10. Okwolekwa okurukusobora

1. a

2. b

3. a

4. d

5. b

6. b

7. a

8. a

9. d

10. a

11. Kukugiza n'okuramya

1. Mazima

2. Bisuba

3. Mazima

4. Linda, okubaho, pkukiza, okugarra.

5. Okwera, omutima, okuswara

6. Ego

7. Mazima

8. Bisuba

9. Komamu, Gumya

10. b

11. d

12. c

13. , nihira, konyera.

12. Imuka haiguru omu kugonza

1. Mazima
2. Kisuba
3. Mazima
4. Kisuba
5. Mazima
6. Mazima
7. Mazima
8. Mazima
9. Mazima
10. Kisuba
11. Mazima
12. Kisuba
13. Mazima
14. Mazima
15. Mazima
16. Mazima
17. Mazima

18. Mazima

19. Mazima

20. Mazima

21. Mazima

22. Kisuba

23. Kisuba

24. Kisuba

25. Mazima

13. Nkaha hokusanga ekigambo

1. a

2. b

3. b

4. a

5. c

6. d

7. d

8. b

9. c

10. a

11. a

12. b

13. b

14. a

15. a

14. Nibamanya?

1. Mazima

2. Kukwatwaho, kurorwa, byo'mwoyo

3. B,d.g

4. Yesiga, kurungi, kukyenda

5. Bisuba

6. Mazima

7. B,c,d,f,g

8. F

9. Bisuba

10. Mazima

OKUMANYIIRA

Haroho Abantu baingi abekicweka ky'omulimo gunu baingi bahandiiki nabacencuzi, bahinduzi, nabategeki hamun'abebisaani. Kitwaireemyaka erukuhingura amakumi ana (40) kuhandiika okwanjura kunu.

Mwebale inywena ababairemu:

I Bakolinso 3: 6 (NLV)
"Nkabyara embiibo, Apollos yagisesira amaizi, baitu akaba Ruhanga ayagirinzirekuhika ha kukura. Kinu nikyoleka ngu ogu ayabyaire nogu ayasesire tinikyo kikuru.Ruhanga nuwe Mukuru. Akagireka yakura. Ogu ayabyaire n'ogu ayasesirire nibasana. Buli omu naija kutunga omugabogwe"

ENDAGIRRO

Hali abo omulinywe abakuhunira……Kandi baine "omuhimbo Omubibakukora?

Noijuka Omwahule Agnes I. Number nabazaho Isomero? nabazaho intendekero

Kale………………….

Nkaba ndina Agnes omu Firipino omu 1990 akaikara na basaija 8, bona bakuru bamatendekero ga Baibuli n'obwebembezi obuhereza omu Philippines. Obuyagambire nabongu nagenda kwombekaitendekero omu Philippines bona bagamba, mugenzi waitu Agnes, Nitukusaba otekerezeho okutendeka abebembezi abokutaraga bulihamu omubyaro,nukwo obuhereza bwaitu bwona bugobore omuntekaniza yemitenderayawe? "Emyaka nyingi tukagenda omumasomeromaingi agarukusomesa Baibuli hamu n'entekaniza nyingi omu phillippines nitukora naba Asian ekikaro ekikuru ekyebigenderewa, Endimi nituhika Mubyaro na'Amahanga kubagana eki Ruhanga ekyatuhaire kurabira omu'mwahule Agnes. Byona ebya Mwoyo n'ebyomubiri ebiragiro nenyegesa nka; osobora ota okubatizibwaomuMwoyo Muhikirire, osobora otakuguma oli mwomezi omubuhereza obwokugenda, osobora ota okulinda obume kwikara hamu kurungi n'okugonzangana n'engonzi za Ruhanga.

Abaingi omuli inywe, nimumanya, nkabandi murwaire habwaemyaka nyingi. Kiro kimu, harabireho enyaka Ruhanga atakankirize, Akabaza nanyowe yagamba, "Teresa oboire nokikora kubi, obaire n'olengaho kwegesa (kutendeka) buli muntu akurabamu omurwigi." Nkaba nindegaho okutendeka abo abali batakwenda kutendekebwa, Abo abali bataine okuttuokuhura, omutima okutunga rundi kutwara, kandibali bataina omutima ogwobuhulizi.

Aho Ruhanga Yampa kusoma;

2 Timoseo 2:2 "Kandi ebi ebiwahulire namberendi omubajulirwa baingi, nibyo oyahuza obukiko nkobu omuAbantu abatwesiga, abasobora okwegesa abandi.

Nkaba ndiririre amaizi hali Ruhanga kandi tukaba tukoziire nabaingi muno kandi haroho bataito muno abatwaire eki ekitwayegeseze omu Mahanga. Kikaba nkekitali kyobwinganiza hali nyowe….. Nkaba mudoma nta! Ruhanga yagamba, "NKakutendeka iwe…..Tinukwo?" Aho naho naijuka nkoku kyali kigumire Okuntendeka …… Mumaiso g'Amakumi g'abantu hanyuma….. Nayegarukamu aho naho Kandi natega amatu". "KALE, MukamaNokoraki?" oku kukaba kutandiika okutandika Kwahanu nambere tuli hati.

Mubigufu twali tutakeyongireyo, Mukama yangamba Ningyija kwombeka Isomero Nangwa, Tiririkwijja kuba

Isomero lya amatafali baitu Isomero eryo kutaraga. Tirkiwija kubalyabo abatarukwija kusobora, lija kuba ly'abakusobora, kandi abaine amatu okuhurra, omutima okutwara, omutima omuhulizi.

Ijuka kino?

Habakuku 2:2 Mukama yangarukamu nagamba ati Handika okwolekwa, okwoleke kurungi habipande, oguwena owakutaho amaiso airuke agambire bandi."

Ekyahandikirwe kinu inkihurire munda kumara emyaka nyingi. Tukatandika n'okutendeka ebicweka baitu hati twine kukizonzora ngu'akaire kahikire. Obwire bwokukisoma n'okwiruka nakyo…. Wakatekerezaga nkoku ira muno ekikumi y'emyaka n'emyaka musanju 7th (BC-Before Christ)Yesuatakazairwe ekitabu kya Habakuku obukyali kimazire kuhandikibwa otu komputatwomugaro (|pads) rundi obubakweta E.readers? Enu entekaniza y'ensoma eti ekakolerwaaba omulembe gunu "tablet". Twongireho sinema ezigendera hamu na obukomputa obwomungaro (tablet). Hati nokozesa waya zamasanyarazi, omuntu owali omumahanga ga Afirika nakozesa otukomputa "tablets"asobora kutunga Isomero lya Baibuli hamu n'okutunga itendekero eryamani mbereagondeze.

Twesibere hakyokuzazamu tubebaingi. Tweberwe ngu nitukura n'obwire nibwiruka nibutusiga. Twangusye okurangirra amazima ganu hara kandi bwango Ruhanga nkoku araba atwikirize.Tugaremu amani Abalisa twongere tuheomugisa abebembezi okwegesa Abantu babo.

Etegeka y'okusoma enu erumu biki?.

Nko'ku tukozire namatendekero maingi aga Baibuli ekigendererwakyaitu tikiri kubazamu amatendekero maingi aga Baibuli eyabulikiro n'amagezi gayo n'ebyayo. Ekigendererwa kyaitu kiri:

Ekiwahulire ningamba omumaiso g'Abantu abaingi, oine kwegesa Abantu abokwesiga. Nabo bosobole okwegesa abandi "2Timoseo 2:2 [NLV].

Ruhanga ebiyatwegeseze mukurabamu Omwahule Agnes Na Omwoyo Uwe. Nitusobora tuta kwihamu ebisunga omubwomezi bwaitu", kuhura irakalye, kugonza Amahanga n'okugonza 'okwe tumuleke atutwale omumahanga.

Hali abandi kinu kyali "kintu kyabulikiro". Habwange kikaba ky'okujuna obwomezi. Nakubaire ntarabiremu, nakubaire ntaherize Ruhanga kandi ntomiire kuhika hanu handi, kakubanalintaine ekya Ruhanga yahaire Agnes hamu nekiyamuhaire mukurabira omukwegesa'kwe okw'okuhura Iraka lya Ruhanga.

Nkaba ntasobora kukikora; hataroho okubaho na Omwoyo nibigerera hamu ……. Hataroho Yesu Kutagara hali isitwe …… Hataroho omugisa.

Nkaba ntasobora kutunga kusukururwa:Intaine obuhangwa obu na Omwoyo Muhikirire nibikwatagana….Hatali Yesu kutugara hali lsitweRuhanga… Kakuba yali atantairemu etekereza n'ekoraye. Tinakubaire omunyikara eyehikire hataloho okusukururwaokwa Isaya 26, Nankoku Ruhanga Uwewenka, yatufoire ebihangwa ebisyaka, twaba abobugabe kuruga habakama abaira.

Obumba ngezirendimukurubata ninyetorora ensi, Ndora Abalisa n'abebembezi nibatalibana kuserra ekyokwegesa Abantu baabo. Obundi tibakatungahoga okutendekebwa omwitendekero lya Baibuli…. kandi batasome habwobutaba no obusobozi obwa sente ozokweherera.

Ninsima omugisa gunu okusanga nyomire omubwomezi obwokuhindurwa nkaba nobukugu hati esaha ziri mu rukumi, niyo emyaka ikumi insobaire kuba na abahandiki baingi, Abacencuzi, Abatezi bebisisani n'abakonyezi tuherizeenjiri ensi yona.

Tukizoire kinu kitabu kyokubanza. Nitukyakora sinema ezituragenda nazo omukwegesa. Kyanguhire habwokuba omwahule Agnes bulikasumi yayegesaga ebyanguhire, baitu kunu birumu kumanya n'amazima ga enjiri.

Okura kwaitu kulingu Ruhanga akusomere kinu……..amale akutekemuenjiri y'ekigambo kya omumutima gwawe kandi akutendeke, nukwo osobole okutunga obugabe, obusinge amani no' busobozi bwokwoleka Engozi'ze omu mahanga.

Ningira leka itwena tukore hamu nkoku hakyaroho obwire….nukwo Uwewenka Ahebwe Ekitinisa.

"Kandi enu enjiri ey'obukama bwa Ruhanga eritebezibwaomu ensi zona, okuba kaiso hali amahanga gona; Nubwo empero." erihika" Matayo 24:14

Leka Yesu akutwale omumahanga g'ensi yona………

Omukuru Wentekaniza

All Nations International

facebook.com/AllNationsIs58
twitter.com/AllNationsIs58
instagram.com/AllNationsIs58
amazon.com/author/teresaskinner